株式会社 武蔵野
代表取締役社長

小山 昇
KOYAMA NOBORU

会社を絶対に潰さない社長の

「金言」100

プレジデント社

会社を絶対に潰さない社長の「金言」100

はじめに　令和時代に生き残るために大切なこと

令和の時代に入りました。私は、これからの時代、どの業界も1番とビリだけの世界に変わるという仮説を立てています。

わかりやすい例を挙げれば、自動車です。自動車は今までエンジンで動いていたので、数多くの部品が必要でした。しかし、これからの主流はモーターで動く電気自動車です。部品が少なくて済み、おまけに自動ブレーキで事故がなくなります。こうした変化で、必然的に修理工場やガソリンスタンドは淘汰されて、ナンバーワンだけが生き残ります。

しかし、その程度の変化では終わりません。中国がすべての自動車を電気自動車にすると言ったらどうなるか。中国が電気自動車にすると宣言すれば5年でそうなります。そのとき、日本の自動車業界の地図は一気に変わるでしょう。「電気自動車をつくっている最上位の1社だけが勝ち残り、他は衰退する」が私の予測です。

トップとそれ以外にはっきりと分かれる。令和時代には、こうした現象がどの業界でも起きてくると考えています。

そんな過酷な競争を生き残る鍵を握るのは、ＡＩです。わが社もすでにＡＩの活用を始めています。グーグルが３兆５０００億円かけて開発したデータドリブン（ＡＩ）を使った解析ソフトがあります。このソフトは、さまざまなデータをリアルタイムで分析できます。それを活用し、結果が良くなかったものはストップ、良かったものはゴーとＡＩに学習させていくと、どんどん情報解析の精度とスピードが上がります。

私はもともと自社のＡＩを使ったデータ分析を考えていましたが、データドリブンの話を聞いて計画を転換し、このソフトを導入することに決めました。導入にあたっては、メリットとデメリットを秤《はかり》にかけました。メリットは３兆５０００億円のソフトを安価で使えること、デメリットは武蔵野が得た情報を全部グーグルが共有できることです。

私は損することより得することを選ぶ決断をしました。データの共有を嫌って導入せず、ライバル会社がそれを導入すれば、武蔵野は負けてしまうからです。

今、中小企業でデータドリブンを活用して動いている会社はほとんどありませんが、わが社はデータドリブンでできることをどんどんやっています。データを分析して予想を立て、的確なターゲティングをする。ここに令和の時代を生き残る道があると考えています。

データを取って予想を立てるのは、勝負事に勝つ秘訣です。仕事もゲームやギャンブルも同じです。競馬であれば1日に12レースあって、レースとレースの間は40分です。普通の人はその間に競馬新聞の予想を見て、馬券を買います。でも私は、月・火・水に重賞レースの定量データを分析し、木・金・土に調教タイムやコメントの定性情報で最終的な予想を立てています。

コメントは調教師やトップ騎手のものだけを活用し、厩務員のコメントは使用しません。なぜなら、1人の厩務員が担当している馬は2頭だけで、誰もが自分の馬はいいと思っています。これは絶対評価です。ところが調教師は20頭、30頭と管理しているから、相対評価ができます。騎手もそうです。上位10名の騎手は自分で好きな馬を選べるから相対評価ができるが、20番以下の騎手は馬に乗せてもらうことが最優先で相対評価ができません。

絶対評価を信じるのは危険です。本でも出版社は絶対評価で「いい本なら売れる」と思っていますが、いくらいい本でも買う人がいなければ売れません。私の本は、誰が買うかを考えて相対評価でつくっているから長く売れています。

大切なのはターゲティングで、「誰に合わせているか」です。そのためにマーケティングをしっかりして、データ分析をしなければいけない。それが勝利の秘訣です。

本書は、今まで私が書いたり話したりしてきたエッセンスをまとめたものです。これだけ読んで役に立つかというと、役に立ちません。大切なのは、読んだあと、自分で実行してみることです。いくら知識が増えても、実行しなければ意味はありません。

私の知り合いに資格を41個持っている人がいます。みんな、「あの人は素晴らしい」「優秀だ」と言いますが、彼は資格を活かして稼いでいません。せっかくの資格も、お金に換えなければ無駄なだけです。

この本も同じです。お金に換えなければダメです。お金に換えるためのエッセンスの詰まった本ですから、実行すれば必ずお金に換えられます。難しいことをやろうとする必要はありません。自分にできそうな、一番易しいことを実行してください。

本書を大いに活用して、みなさんの会社が令和時代に飛躍することを願っています。

２０１９年９月

株式会社武蔵野　代表取締役社長　小山 昇

目次

第2章 整理・整頓・清潔——環境整備で会社は変わる

第3章 経営計画――儲かる会社にする〝魔法の書〟

第4章 マネジメント——人を思い通りに動かすには

第1章

お金と数字

――読み誤ると命取りに

金言1

無借金経営は会社を潰す

メモ

優秀な社長は、会社を潰さないために積極的に借金をする

現金は会社の血液です。どんなに儲かっていても、現金がなければ給料も払えず、支払いもできません。リーマン・ショックのあと、**多くの老舗が黒字倒産**しました。その**原因は、無借金経営**にありました。売掛金や棚卸資産の増加で資金繰りが悪化し、**現金が不足**してしまった。

銀行から借りればいいのに、と思うかもしれません。しかし、一度も借入れ実績のない会社が、急に融資を申し込んできたらどうでしょうか。何か問題があるのではないかと、銀行は警戒します。また金融機関にも資金の枠があるから、融資・返済の実績のある会社とない会社から融資を申し込まれたら、前者を優先するのは当たり前です。

一般的に「借金はしないほうがいい」「無借金経営を続けている社長は優秀だ」と考えがちですが、まったくの誤解です。優秀な社長は、会社を潰さないために積極的に借金をして、無借金にならないように心がけます。**銀行から融資を受け、きちんと返済して実績をつくる**。それがいざというときに困らない「倒産しない仕組み」のひとつです。

増収増益のわが社が「必要のない借金」をしているのも、「いざというときの備え」です。**借金ができる「信用」そのものが財産になる**と考えています。

金言2

無担保・無保証でも借りられる

メモ

借りる側がお願いすると銀行は強気に出る

銀行からお金を借りるときは、担保も個人保証も必要ありません。**借りる側と貸す側は対等**です。本来、**銀行にとって借り手はお客様で、「借りてください」と頭を下げる立場**です。しかし、「お金は頼み込んで借りるもの」という意識が強い社長は、自分の立場を下に見て、個人保証をし、担保を提供して、「貸してください」とお願いする。だから銀行は、「貸してやる」と強気に出る。

武蔵野は平成29年4月に現金および普通預金を23億円所有して、21億円借りていました（94ページ［表1］参照）。すべて無担保です。個人保証もなく信用保証協会付きはゼロで、100%プロパー融資です。しかも、すべて「長期借入金」で、「短期借入金」はゼロ。こんな「超異常」なことがなぜ可能だったのか。

銀行は、現金を持っていて借りた**お金をきちんと返済すると貸してくれる**。5000万円全額返済すると、「5000万円貸していた会社」から「5000万円借りてくれる力のある会社」に変わります。そんな会社を他行に奪われるのはもったいないから、また貸したくなる。銀行は、「返してくれない会社」には貸さないが、「**返してくれる会社**」**には貸したい**。だから、返済をすると信用が高まり、無担保・無保証であっても再び貸してくれるようになります。

金言3

頭取銘柄を目指せ！

メモ

貸出先トップよりも優遇される「頭取銘柄」

頭取をはじめ専務、常務など、銀行のトップや役員は、ブロックごとに地域のお客様を訪問しており、各地域の取引先には**数年に1度、頭取が訪問する機会**があります。頭取が訪問するのは、支店長が「地域で一番のお客様」と、頭取に訪問を勧めた会社です。

幸運にも訪問先に選ばれた会社の社長は、この機を逃さず、**万障繰り合わせて頭取をお迎えすべき**です。銀行には「**頭取が訪問した会社は倒産させない**」という暗黙のルールがあり、「頭取銘柄」に選ばれたら、**借入れに困ることがなくなる**可能性が高いからです。

以前、武蔵野もメインバンクの頭取に訪問していただける機会がありましたが、スケジュールの調整がつかず、お迎えできませんでした。そこで経営サポート会員のアポロ管財株式会社（橋本真紀夫社長）を推薦したところ、訪問先に選ばれ、その後「頭取銘柄」となりました。

武蔵野はその支店で貸出額がトップでしたが、3年後、実践経営塾「長期資金運用合宿」に参加していた橋本社長から「今度、支店長が代わるんだってね」と言われ、翌日、曽我公太郎経理部長から「支店長が代わります」と連絡が来ました。アポロ管財に先に連絡がいったわけです。それほど「**頭取銘柄**」**は優遇されます**。その後、武蔵野も「頭取銘柄」になりました。

金言4

社長が見るべきはP／LよりB／S

メモ

赤字・黒字を表すP/Lより、資産の現状を示すB/Sが大事

企業は赤字でも倒産しません。**倒産するのは現金がなくなるからです**。「黒字なら倒産しない」「赤字だから倒産する」と短絡的に考えるのは、経営をP/L（損益計算書）だけで判断しているからです。**B/S（貸借対照表）ベースの経営**をすれば「**倒産の仕組み**」に気がつきます。

P/Lは、1年間にいくらの売上があり、いくらの経費を使い、いくらの利益（損失）が出たかをまとめたものです。これに対してB/Sは、決算日現在の会社に資本金や利益余剰金（純資産）がいくらあり、いくらお金を借り（負債）、どう運用されているか（資産）を示します。「資産」の額と「負債」「純資産」の合計額は、バランスがとれて同額になります。このバランスが崩れて「負債」が「資産」を上回れば、債務超過となり、会社は倒産に向かいます。

事業経営は「お金が回ること」が何よりも重要です。会社にキャッシュがあるかどうかは、B/Sの「資産の部」の「流動資産」の科目のトップにある「**現金預金**」を見れば、一目瞭然です。この数字に厚みがあれば、会社は倒産しません。また、その他の資産も含めて**流動性が高いほど倒産しにくい**。それをチェックするために、社長はB/Sを見ます。P/Lは1年で変えられるが、B/Sを変えるには5年かかります。

金言5

「率」より「額」を見よ！

メモ

「率」ではなく「額」が企業経営を支えている

税理士や会計士の指導は、数字を「額（量）」ではなく「率」で見がちです。粗利益率20％で売上1億円のA事業と、粗利益率5％で売上10億円のB事業があると、数字を「率」で考える社長は、A事業のほうが優良だと考えます。

A事業の原価は8000万円、B事業の原価は9億5000万円。B事業のほうが多額のお金がかかっているのに粗利益が低く、資金効率が悪いと考えるわけです。しかし、この見方が間違っていることは、**利益額を計算**すればすぐにわかります。A事業が生む利益は2000万円、B事業は5000万円。「額」で考えれば会社への貢献度はB事業が圧倒的です。

ここを理解していない社長は、A事業に有能な社員を投入して、会社の屋台骨を支えるB事業を台無しにしてしまいます。結果として、会社は傾きます。**経営を支えるのは「率」ではなく「額」です**。税理士や会計士は「総資本利益率（ROA）」「自己資本利益率（ROE）」「自己資本比率」「売上高営業利益率」「総資本回転率」など「率」によって会社を評価します。しかし、これらの**指標を理解しても経営の道具には使えません**。

数字を「率」で見るクセがついてしまった社長は、**基本の「＋」「－」に立ち返る**べきです。

金言6

お金は貯めるな！回せ！

メモ

適切な投資をすれば、お金は大きな価値を生む

キャッシュは会社の生命線です。だからといって、緊急支払能力を超える額のお金を使わずに貯めておくのは意味がありません。**お金はそれ自体で価値を生みません。**お金は、「**貯める**」**のではなく**「**回す**」のが正解です。つまり、投資をする。

具体的には、**①お客様の数を増やす、②社員教育、③インフラ整備**の3つに投資します。そうすると、銀行に預けておくのとは比べものにならない大きな価値を生みます。

武蔵野は、かつて1人あたり月平均76時間あった残業を、1台10万円のiPadの導入によって、2018年度は17時間にまで削減しました。月59時間の残業減で9時間分をランニングコスト（通信費）に回すと50時間。時給1000円として1人6万2500円（1000×1・25×50）の人件費削減につながります。iPadへの投資は、**2カ月目で元が取れ、3カ月目以降はまるまる利益**になる計算です。会社全体で見ると年2億2500万円（社員約270人）の利益です。

一方、iPad代金10万円×270人の2700万円を銀行に預けても、金利0・001%で2万7000円です。お金を「回す」か、「貯める」か。答えは言うまでもありません。7500万円を賞与に増額したら、社員は大喜びでした。

金言7

キャッシュは会社の生命線である

メモ

キャッシュだけ押さえておけば、経営はなんとかなる

数字が苦手な社長は、経理資料の中の、たったひとつの数字だけを見てください。それはキャッシュの額です。これさえ押さえておけば、あとはどうにでもなります。キャッシュは、**現金**と、いつでもすぐに現金に換えられる**普通預金**です。定期預金や有価証券は、キャッシュとみなしません。定期預金は借入れの担保になり、自由に解約できない場合があるからです。

キャッシュは会社の生命線です。赤字でも、会社は倒産しません。会社が潰れるのは、運転資金が尽きて、取引先への支払いや銀行への返済ができなくなったときです。

多くの社長は、何かあったときに困らないように、損害保険や生命保険に加入します。会社も、何かあったときに困らないように、銀行から長期借入れをします。借入れをすれば金利を支払いますが、この金利を私は「**会社を守る保険**」だと思っています。

少々のことがあっても会社が存続できるように、緊急支払能力として**月商の3倍のキャッシュを持っておく**。それが家族や社員に対する社長の責任であり、愛情です。

経営は現金に始まり、現金に終わります。社長は何よりも優先して、**自社のキャッシュを把握すべき**です。

金言8

愛情はお金で示せ!

メモ

年収1000万円プレーヤーになることが社員の夢

社員はどうすれば働くのか。ズバリ、お金です。社員がやったことに対して相応の対価を支払う。つまり、**お金で釣ることで社員は動きます**。

私は、安心して生活設計ができるように、基本給を年功序列にしています。しかし、毎月の手当は、職務や部下の人数によって額が異なります。また、1回の賞与は成果次第で、ゼロもあり得るし、100万円を超えることもある。だから、多くの社員は成果を出そうと自ら動きます。

人はパンのために生きているわけではない、と言う人もいます。もちろん、人生の究極の目的は、お金を稼ぐことではありません。お金より大事なものはたくさんあります。

しかし、余裕を持って生活ができて、将来の不安がなくなるレベルの年収を稼げるまでは、**社員にとってはお金が最大の関心事であり、最大のモチベーション**です。

だとするなら、お金で釣ることが社員のためになります。「釣る」が引っかかるなら、「報いる」でもいい。いずれにしても、お金で社員の気持ちにしっかり応えてあげる会社が、いい会社です。**社長は社員へ、愛をお金で示すこと**です。

金言9

財布は秋に買ってはいけない

メモ

お金に愛されるために実践している私のゲンかつぎ

私は、人生の大事な局面で運、とくに金運に恵まれ続けてきました。どうしてお金に愛されているのか。運を引き寄せるために、自分なりに考え、実践している習慣がいくつかあります。これらは私が経験則でやっていることであり、あくまでもゲンかつぎのレベルですから、マネしても金運がよくなる保証はできません。それを踏まえたうえで、参考にしてください。

ひとつは、**財布は秋に買わない**。私は服やかばんは機能性重視で、高級ブランドには興味がありません。ただ、財布を買う時期にはこだわりがあります。なぜ秋に買わないか。**秋風が吹いてお金に愛想を尽かされる**からです。

ある会社の社長が家を新築したとき、秋に真っ赤になる紅葉を庭に植えたら、会社に秋風が吹いて業績が悪化しました。財布も同じです。財布は〝お金のすみか〟ですから、秋に買うとお金が逃げていく。だから、立秋(8月8日頃)から立春(2月4日頃)までの半年間は買いません。北風の吹く冬が終わり、暖かくなる立春をすぎてから購入するようにしています。

また、**愛用しているのは長財布**です。折りたたまれるのは、お札も居心地がよくないと思うからです。そして、**お札は顔の向きをそろえます**。財布の中も環境整備が大切です。

金言10

1円玉でも落ちていたら拾え

メモ

お金を大事にしない人はお金から愛されない

新宿駅に1円玉が落ちていました。みなさんはどうしますか？　私なら、躊躇なく拾います。1円玉は価値が低い、1万円札は価値が高いと差をつけていては、底の浅い人間性をお金に見透かされてしまいます。**お金と仲よくしたければ、それがいくらであっても大切にする**のが基本です。

新宿駅は、1日の平均乗降者数が世界一です。そこでお金を拾うのは、とてもラッキーなことです。1円でも、そのツキを逃してしまう人のもとには、別のチャンスはやってきません。**小さなツキを積み重ねて、大きなツキを呼び込む土台ができます。**

ツキには法則があります。経営サポート会員の小田島組（岩手県）の小田島直樹社長は、友達と2人で繁華街を飲み歩いていたとき、たまたま目の前にいたキャバクラのボーイが2000円を拾うのを見て、それを5000円で買い、友達と1000円ずつ分けました。損得でいえば4000円の損ですが、小田島社長は「1円を拾うだけでもラッキーなのに、2000円を拾うのは超ラッキー。その運を分けてもらえるなら安いもの」と考えました。友達と分けた1000円札は、今もお守りとして財布の中に入れているそうです。

目先の損得に惑わされずにお金を大切に扱う人が、長くお金に愛されます。

金言11

飲み代をケチる人は出世しない

メモ

結果を出す管理職は、自腹を切って部下を飲みに連れていく

私は、採用時に「お酒が飲める」人か、あるいは「飲み会の雰囲気が好き」という人でないと採用しません。不思議と「**よく飲む社員ほど仕事ができる**」からです。飲食は人の心を和ませます。とくにお酒が入ると、人は警戒心を解いて本音を漏らします。相手が本音で話し出すと、こちらも本音で対応できる。それによって相手との距離が縮まって、絆が生まれます。

まわりと相互理解を深めている人と、常に一定の距離を置いている人では、圧倒的に前者のほうが仕事ができます。**相互理解が進むほど、互いのよさを発揮でき、足りないところを補えるからです**。また、人と人の間の壁が低いので、**ほしい情報もどんどん入ってきます**。

そのメリットを知っている管理職は、ポケットマネーで積極的に部下を飲みに連れていきます。私は課長職以上の社員に1人につき毎月5000円(上限5人まで)の飲み会手当を支払いますが、「その範囲で抑えよう」とケチなことを言っている管理職は、たいてい結果が出ません。飲み会のお金をケチらない管理職と比べて、その差は面白いくらい明確です。

飲み代は、お酒に払っていると思ってはいけません。**コミュニケーションの費用**です。入社は条件、退社は人間関係。良好な人間関係を築くために、飲み代をケチってはいけません。

金言12

社長は自分の金銭感覚をぶっ壊せ！

メモ

社長が社員と同じ金銭感覚ではチャンスを逃してしまう

経営サポート会員の懇親会では、**じゃんけんで負けた社長が飲食代を全額支払う**のがルールです。これは普段孤独になりがちな社長同士の距離を縮め、友達をつくる仕組みです。負けた社長は、**みんなでバカなことをした経験と、そこでできた絆にお金を払います**。

実践経営塾に参加する社長は、各地域・各業界1社限定で選抜した雄たちです。傲慢・我儘《わがまま》・独断の社長もいます。それなのに18年間の歴史で喧嘩になったことは一度もありません。「人の不幸は蜜の味」で、地元や業界で人の不幸を笑うと顰蹙《ひんしゅく》をかい、仲間外れにされますが、ここではじゃんけんに負けた人の不幸を喜べる。楽しいから喧嘩をしません。

また、このルールには「**社長の金銭感覚を壊す**」という目的もあります。

社員は、常識的な金銭感覚を保っていなければなりません。金銭感覚が壊れると、家庭が壊れてしまうからです。しかし、社長は別です。事業のためには多額の投資をしなければいけないし、資金調達で借金も背負う必要があります。そのときに**社員並みの金銭感覚でいると、投資や借金に躊躇してチャンスを逃します**。**社長の金銭感覚は、一般の人から見てぶっ壊れているくらいでちょうどいい**。そして飲食は金銭感覚を壊すのに最適です。

金言13

カードより
キャッシュで払え

メモ

〝都合のいいお客様〟になって、お店の人に喜んでもらおう

私は、飲みに行くと、どのお店でも大切に扱ってもらえます。なじみで気心が知れていることだけが理由ではありません。私は**お店にとって〝都合のいいお客様〟**です。

30年前、私はいつも偽名を使い、素性を隠して飲んでいました。社長だとわかると、投資話を持ちかけられたり、相談を受けたりしてリラックスできません。ところが、偽名を使うことには障害があります。クレジットカードが使えないのです。カードの名義は「小山昇」なので、偽名と異なるサインをすれば怪しまれます。だから、いつも**支払いは現金**です。

そのうち、自分がカード払いのお客様より大切に扱われていることに気づきました。考えてみると当然です。カード決済には7％前後の手数料がかかり、それは店が負担します。同じサービスを提供して利益に差が出るなら、利益の大きい現金払いのお客様を大事にするに決まっています。

海外はともかく、日本国内では**現金が優位**な時代です。キャッシュレス社会になって、お店側のデメリットが解消されない限り、現金優位は変わりません。

今の私はチョット有名になり、〝都合のいいお客様〟では飲めなくなりました。

金言14

賞与は振り込みではなく手渡せ！

メモ

社長の愛情を示すために現金の存在感を活用する

年2回の賞与支給日、武蔵野は賞与を現金で手渡しします。ぶ厚い封筒を手にした社員はニコニコしているし、封筒がペラペラだった社員は悔しそうな顔をしています。銀行振込ではなかなか見えてこない、**現金の威力**です。

なぜ現金で手渡ししているのか。理由は2つあります。

ひとつは、**家庭内での地位向上のため**です。かつては、給料日に現金を持って帰ってくるお父さんが一番偉かった。しかし、時代が変わり、今は銀行からお金を引き出してくるお母さんが一番偉いと子どもは思っています。普段はそれで構いませんが、せめて年2回くらいはお父さんに花を持たせてやりたい。もちろん、働くお母さんも同様です。稼いできた人が、それにふさわしい扱いを家庭内で受けられるように、現金で手渡ししています。

もうひとつの理由は、**社員に感謝してもらうため**です。法律上、給料は社長が勝手に減額できませんが、賞与は社長が好きに決められます。**賞与を払っているのは社長**です。しかし、銀行振込では感謝の気持ちが芽生えにくい。ところが、現金手渡しにすると、社員は**社長の愛情を実感**し、**社長に感謝**をします。つまり、現金手渡しは社長の**愛情表現**のひとつです。

金言15

貸し渋りや
貸し剥がしは
会社改革のチャンス！

メモ

銀行を利用して会社を変革し、社員を引き締める

貸し渋りや貸し剥がしは、会社の利益体質を抜本的に改善する「千載一遇のチャンス」です。お金を貸してもらえないなら、**貸してもらえるように体質を改善**すればいい。会社にはびこる**「甘えの構造」からの脱却**です。

私は常々、**「外圧があったときこそ、変革のチャンス」**だと考えています。外圧に見舞われるたび、武蔵野は変革を遂げてきました。

2008年、武蔵野は過去最高の増収増益でした。当然、社員は賞与を期待していました。でも、冬の賞与の支給額は前年の90％、支払金額は50％でした。なぜか？　4億5000万円の貸し剥がしにあって、手持ちの現金が過去最低。これでは、払いたくても払えません。

私は社員全員を集め、事実を伝え、「今は賞与の半分だけを支払う。残りは、お金を借りられてから支払う」と説明しました。2008年12月は、いちじるしく景気が停滞して、どの会社も一様に厳しかった。そんなときに無理してお金を支払ったら、社員は甘くなります。

増収増益でもお金が借りられないとわかれば、社員の考えも変わります。お金のないのを銀行のせいにして、**社員を引き締めるのも社長の手腕**です。

金言16

お金は〝借りる〟ものではなく〝買う〟もの

メモ

傘を取り上げられないためには、借りたお金を確実に返す

多くの社長が、お金は「借りるもの」と考えています。私の考えは違います。お金は「借りる」のではなく「買う」。これが正しい。お金を借りるのは、**「お金を借りるサービスを買っている」「金利で時間を買っている」**と考えます。

それでは、なぜ「借りる」と表現するのでしょうか。それは過去に「お金を返す約束を守らなかった人がいる」からです。金貸し（金融業）はおよそ4000年の歴史があります。その歴史の中で、「貸したものを返してくれなかった人」がいた。

金融業者は、お客様から預かったお金を運用し、利益を上げ、金利を支払う義務を負います。その義務を果たすためには、貸したお金は確実に返してもらわねばなりません。そこで金貸しは、返してくれそうにない人から「質札」という担保をとりました。そのうち金額が大きくなるにしたがって、この「質札」が「土地の担保」に代わっていきました。

銀行は「雨が降ったら傘を取り上げる」といわれます。資金繰りが苦しいときに貸し渋りや貸し剥がしをするという皮肉ですが、銀行の本質を知れば、それは当たり前です。傘を取り上げられないためには、**借りたお金は確実に返すことです。**

金言17

目先の金利より、借りられる〝額〟に注目せよ

メモ

会社を成長させるなら「額」を借りなければいけない

以前契約していた税理士から「社長、金利がもったいないです」と、よく言われました。税理士はお金を借りる事業をやらないから、経営の実態をわかっていません。だから銀行に支払う金利を「もったいない」と決めつけます。そして、多くの社長が税理士の言葉を鵜呑みにして、「金利は安いほうがいい」「金利を安くできるのなら、担保を提供してもいい」と考えます。

ですが、この考えは間違いです。**会社経営で大切なのは、金利ではなく「金額」**です。「**少々金利が高くても、額を借りることが大切**」なのです。

産業廃棄物業を展開する大阪府の株式会社ジェイ・ポート（樋下茂社長）は、金利3・2％の超高金利にもかかわらず額を借りて、規模の拡大のために投入し、お客様を増やしました。その結果、対前年140％成長で、大幅に業績が伸びました。

経営の先決問題は「**お客様を増やすこと**」であり、目先の金利を低くすることではありません。規模を拡大するために、設備投資をし、ライバルに差をつけ、お客様サービスを向上させるために、何よりも額を借りなければいけません。「金利が高いから借りない」という姿勢では、いつまでたっても会社は成長しません。

金言18

金利は会社を強くするための必要経費

メモ

優秀な社長は、高い金利で借りて業績を伸ばす

一般に「自己資本比率が大きい会社ほど、安全である」といわれます。本当でしょうか？武蔵野は、多額の借入れをしており、自己資本比率は低い。しかし、現金をたくさん持っているので、流動比率は高い。つまり、短期的な資金繰りにも余裕があります。

社長は、不測の事態があっても困らないようにしておくことが大切です。不測の事態に見舞われたとき、ギリギリの資金しか持っていない社長と、資金に余裕のある社長では、どちらが対応できるでしょうか。答えは明らかです。

だから、**高い金利を払っても、資金に余裕を持たせ、事業に専念するほうがいい**です。

私は、他社に比べて1％ほど高い金利でお金を借りていたことがあります。しかしその年度、わが社は過去最高の増収増益になりました。逆に、金利を惜しんで融資を受けなかった多くの会社が、業績を落としました。

金利ばかり気にしていては、会社は強くなれません。会社を強くするには、人員を増やし、設備投資をし、新製品を出さなくてはいけません。そのためにはお金を借りなければいけない。**金利は、会社を成長させるための必要経費**です。

金言19

金利は格付けで決まる

メモ

銀行に評価されるのは「売上」ではなく「返済能力」

「会社の売上が上がっていれば低金利になる」と思われがちですが、そんなことはありません。**金利を決めるのは、売上ではなく、その会社の格付け**です。格付けは、**銀行から見た会社の評価**です。銀行は、「安全性」「収益性」「成長性」「返済能力」などの項目を設けて、それぞれに点数を割り当て、合計点で会社の実力を評価し、**10段階に格付け判定**します（122ページ［表2］参照）。

100点満点中90点以上は格付け1で「リスクなし」、50点以上は格付け4で「リスクがあるが良好水準」、25点以上は格付け6で「リスクがやや高いが許容範囲」、25点未満は格付け7で「リスクが高く徹底管理」といった評価になります。さらに格付け8は「現在債務不履行で「警戒先」、格付け9は「債務不履行でメドたたず」で「延滞先」、最下位の格付け10は「履行のメド全くなし」で「事故先」と判定します。

評価項目の中で**最も多く点数が割り当てられているのが、「返済能力」**です。つまり、この**「返済能力」が金利を決めている**。銀行が収益性や成長性よりも「返済能力」に着目していることを知らず、「売上が上がれば金利が下がる」と考えているうちは、格付けは上がりません。こういう会社は、必ず資金繰りに行き詰まります。

金言20

返済は絶対に遅れるな！

メモ

滞りなく返すことが銀行の信用を高めることになる

借入れは、**短期借入れよりも長期借入れのほうがいい**。そのほうが格付けが上がり、同じ額の借入れなら、毎月の返済額が少なくて済みます。

しかし、長期借入れは、会社の業績が悪いと応じてもらえません。

一般的なサラリーマンなら、収入が安定しています。定年まで勤めるとすれば、それまでは収入が保証されているから、住宅ローンも長期で貸付けしてくれます。

ところが企業は、社会変動に影響されやすく、安定性がありません。業績も上がったり下がったりで、信用できません。銀行は貸したお金が焦げ付くのを嫌います。だから、最初は短期で取引をして、**「末永くつき合っていける会社かどうか」**を慎重に見極めます。つまり、銀行との最初の取引は「お見合い」です。

お見合いの結果、「この会社は信用できる。返済能力がある。長くつき合っていける」と判断すると、ようやく銀行は長期借入れに応じてくれます。

銀行に信用してもらうには、滞りなく返済することです。**「返済は、絶対に遅れない」ことが鉄則**。お金がなければ、**他行から借りてでも返す**ことが大事です。

金言21

借りたお金は普通預金に残しておく

メモ

「お金に余裕のある状態」をつくり、融資条件を有利にする

かつて武蔵野に、ある銀行が新規営業に来ました。「短期で5000万円」貸すと言います。ちょうどお金に困っていた時期で、渡りに船でしたが、私は「5000万円なら借りない。1億円なら借りる」と答えました。銀行は、**「借りたい」と言うと貸してくれない**のに、**「借りない」と言うと貸してくれる**。このときも短期で1億円借りることができました。

しかし、1億円のうち、使ったのは2000万円だけ。残りの8000万円は、一度他行に資金移動し、2日後にまた借りた銀行の普通預金に戻して、一切手を付けませんでした。他行に資金移動したのは、そのままだと銀行側が使用目的のないお金を貸したと勘繰られ、金融庁から指導を受ける可能性があるからです。2日後に戻したのは、「武蔵野にはお金が余っている」形にするため。それを使わないでいると、銀行は、武蔵野には返済能力があると見なします。

1年後、短期借入れした1億円を返済すると、銀行は「また借りてください」と言いました。こちらから「貸してください」とお願いしたわけではないので、**立場はこちらが上**。私は即座に「短期では借りない」と断り、**金利は短期とほぼ同じで、3年間の長期融資**を受けました。このように時間をかけ、わが社は短期借入れを100％長期借入れに切り替えました。

金言22

貸す貸さないの決定権は支店長が握っている

メモ

支店長の決定を融資担当者が覆すことは絶対にできない

銀行の支店は「**支店長**」の**心持ちひとつ**です。融資担当者が「この会社に貸したい」といくらプッシュしても、**支店長が**「**貸さない**」**と判断すればどうすることもできません**。逆に、支店長が貸すという決断を下せば、よほどの理由がない限り、本店もノーとは言いません。「本店に断られたから」と融資を断られても、その実態は「支店長が貸さないと決めた」場合が多い。それほど**支店長の権限は大きい**です。

かつて武蔵野は、支店長の交代を機に3年近く貸し渋りにあったことがあります。前任の支店長は武蔵野の経営計画を評価し、安い金利で多額のお金を貸してくれました。ところが後任の支店長は守り重視で、赴任早々、武蔵野に低金利で融資していた担当者を糾弾し、「オレは武蔵野には貸さない」と宣言したそうです。

おそらく、この支店長には前任者のような「安い金利」で稟議を通すだけの力量がなかったのでしょう。だから、前任者に焼きもちを焼いたわけです。まさか**嫉妬が原因で貸し渋り**にあおうとは思いませんでしたが、これは「**支店長に嫌われたら、その会社はおしまい**」という事実を如実に表しています。

金言23

倍々ゲームで伸びている会社は融資を受けられない？

メモ

3年連続125%以上の増収増益は「危険信号」!

銀行の支店長は、融資の可否を「**会社の業績**」と「**会社の返済実績**」で判断します。赤字で返済能力のない会社に追加融資を決める支店長はいません。他行も含めた年間返済金額の範囲内で融資額を決めます。その際、「**確実に返してもらえること**」が重要な判断材料になります。

銀行にとって一番収益が上がるのは、高い金利で貸せる会社です。それは格付けが6～8(6「リスクがやや高いが許容範囲」、7「リスクが高く徹底管理」、8「現在債務不履行」)の会社です。支店長は、この中でこれから伸びていきそうな会社に融資を考えます。

格付け7以下の会社が**3年連続125%以上の増収増益になると**「**危険信号**」と判断します。やがて資金繰りが追いつかなくなり、資金がショートするからです。

経常利益が100出ると、50が税金、25が予定納税、残った25は在庫と売掛金に変わります。さらに借入金の返済が回ってくるから、利益が出てもお金が残らず、資金繰りに追われることになります。つまり、「**会社が大きくなるほど、苦しく**」なります。

一般的に**増収増益の適正な数字は115%**です。支店長にとって、倍々ゲームで伸びていく会社は危険そのもの。相当な利益が出ていなければ融資を控えるのがまともな判断です。

金言24

銀行はビジネスパートナーと心得よ

メモ

銀行は「敵」ではないが、「味方」でもない

「銀行は敵である」と思っている社長がいますが、私はそうは思いません。銀行を「敵」だと考えて喧嘩を売り、支店長から嫌われたら融資は受けられません。融資が受けられなければ、規模の拡大はできず、会社は伸びません。

銀行の歴史は400年以上あります。**敵に回したところで、向こうのほうが一枚も二枚も上手**。中小企業の社長が、勝てるわけがありません。だから社長は、理不尽な貸し渋りや貸し剝がしにあっても困らないように、対策を練っておくべきです。**銀行に腹を立てるのは筋違い**。銀行がお金を貸してくれないとしたら、**借りられないようにした社長の責任**です。目先ばかり見て、自社を良くしようと思っていない社長に、銀行はお金を貸しません。

銀行は「敵」ではありません。かといって、私は「銀行＝味方」と楽観視もしていません。味方だと思って銀行に頼ってばかりでは、経営が甘くなります。

銀行は、敵でも味方でもなく、「**ビジネスパートナー**」と私は考えています。銀行の支援なくして、経営は成り立ちません。銀行もまた、融資先の成長なくして収益は上がりません。銀行と中小企業は、「**win-win（ウィン・ウィン）**」**の関係を築く**ことが大切です。

金言25

取引銀行〝1行主義〟では行き詰まる

メモ

基本は「都市銀行1、地方銀行1、信用金庫1、政府系金融機関1」

銀行との取引は、1行だけに絞ってはいけません。以前、ある社長は「うちは地銀1行だけで十分。支店長とも仲がいいし」と言っていましたが、業績が落ちて、取引銀行からの融資が受けられなくなったとたん、倒産しました。武蔵野が都銀の貸し剝がしにあっても貸し渋りにあっても倒産せずに済んだのは、地銀や信金からの融資で対応できたからです。

中小企業の場合、**「都市銀行1、地方銀行1、信用金庫1、政府系金融機関1」**が基本です。あとは、自社の規模や地域における金融機関の数に応じて、増やしていけばいい。売上が5億円以下の会社なら、都銀は1行で十分。売上が1億~2億円の会社なら、地銀がメインでいい。

3行から融資を受けるなら、**1行からたくさん借りず、バランスよく借入れる**。メインバンクからの借入れは、多くても55%以内、私の経験上、**35%が適正**です。

また、**1案件につき1行から借りる**のが基本ですが、会社の業績が悪いと、1行からの借入れが「満額」に満たない場合があります。そういうときは、他行から借りて不足を補う必要があるので、「1行主義」では対応しきれません。資金を潤沢にして、ライバルより先に投資をするには、**つき合う銀行は多いほうがいい**。武蔵野は現在、9行と取引をしています。

金言26

メインバンクは頻繁に変えるな

メモ

メインバンクの変更は長期的な展望に立って行う

メインバンクの定義は、2つあります。ひとつは「**大きな投資に対応してくれて、会社が存続の危機に陥ったときに支えてくれる銀行**」、もうひとつは「**個人保証も取らず、担保もつけずに、プロパーで一番お金を貸してくれる銀行**」です。

こういうメインバンクは、「**頻繁に変えない**」のが基本です。もちろん、商取引なので変えても構いません。メインバンクには、金利や手数料など、それなりの対価を払っているから、銀行と会社の関係はフィフティー・フィフティーです。ですが、「今日はこの銀行、明日はこの銀行」と、自社の都合で頻繁に変えるべきではない。

ただし、**自社の規模や成長に応じて軸足を変える**、つまり、取引する銀行のバランスを変える必要はあります。私の経験上、融資に積極的な「攻めタイプ」の支店長が2期続くと、3期目は融資に消極的な「守りタイプ」が着任する気がします。そのときは、メインバンクを変えるチャンスです。「おたくが貸さなくなったので、変えます」という理由が成り立つからです。

ですが、それは**長期的な展望に立って行う**べきです。銀行は、取引の「歴史」や「長さ」を重視します。銀行と会社は、持ちつ持たれつの関係であることを忘れてはいけません。

金言27

担保の価値は銀行によって変わる

メモ

都銀よりも、地銀や信金のほうが担保価値は高くなる

土地と建物を合わせて1億5000万円（土地1億円、建物5000万円）で購入したとします。このとき、建物の担保価値は0円です。なぜなら銀行は、**建物に減価償却費としての価値は認めても、転売するときの価値としては認めていない**からです。

土地建物を購入した社長は、「建物にも5000万円の価値がある」と考えますが、それはあくまで会社の都合であって、銀行はそう思っていません。一方、土地は時価総額で転売できるので、路線価格などから担保価値を計算し、その金額に応じて貸出しをしてくれます。

このとき気をつけなくてはならないのは、**担保価値が銀行によって変わる**こと。多くの社長は、このことを知りません。1億円の土地の担保価値は、平均すると、都銀で7000万円（0・7倍）、地銀は1億5000万円（1・5倍）。信金なら2億円（2倍）まで貸してくれます。ただし、貸してくれる額が増える分、金利は当然、高くなります。

さて、金利で選ぶべきか、額で選ぶべきか。

中小零細企業が、都銀に軸足をおいて経営をするのは、担保価値から考えても得策ではありません。ですから、**金利は高くても、額が借りられる銀行を優先する**。これが正解です。

金言28

銀行訪問には幹部社員を同行させよ

メモ

幹部の言葉は社員の危機意識を煽《あお》り、組織改革を進める薬になる

銀行訪問は、**「社長と幹部社員」がセットで行う**のが基本です。私は2001年度に、役員と経理部長に銀行訪問を任せました。しかし、その結果、「わが社の情報が正しく銀行に伝わらない」「銀行の情報が正しく社長に伝わらない」「社長がいるといないとでは、銀行の対応が違う」ことがわかりました。

それ以降は、私自身が訪問しています。**社長が「耳の痛い情報」を正しく理解しないと、組織の改革が遅れてしまう**からです。

ただし、社長ひとりで出向くのではなく、幹部社員をひとり連れていきます。**幹部社員が銀行交渉に同席すると、組織改革が進みます**。というのも、銀行交渉の内容を「社長が社員に報告したとき」と、「同席した幹部が社員に報告したとき」では、社員は間違いなく幹部の言うことを信じます。**職責が下位の人の発言ほど社員は信用する**。それが社員の心理です。

会社が成長しているときに、私が「全行から融資を断られた」と言っても社員は信じませんが、幹部社員が「銀行がお金を貸してくれない」と報告すると、社員に危機意識が芽生えます。

その結果、一気呵成《いっきかせい》に組織改革を進めることができます。

金言29

銀行訪問では「数字」「現状」「展望」を伝える

メモ

「どうやって伝えるか」を知っておくと有利な交渉ができる

銀行訪問では、**最初に「数字」を報告**します。同行する幹部社員が、実績（損益計画の当月、累計、粗利益、人件費、支払利子）を口頭で読み上げます。銀行の担当者は、渡してある経営計画書の空欄（記入欄）に、読み上げた数字を記入します。

銀行の融資担当者が本店に稟議を上げる際、資料として武蔵野の経営計画書が審査部に渡ります。このとき、わが社の経理がエクセルで清書した数字と、銀行の担当者が手書きした数字では、後者のほうが明らかに信用される。**手書きだと説得力があります**。

数字の報告が終わったら、今度は私から**会社の現況、今後の事業計画、トピックス、他行の融資状況などを報告**します。このときは、「**良いことも悪いことも報告する**」のが原則ですが、「**悪いことは先に、良いことは後に話す**」ようにします。人間は、最後に聞いた話が印象に残るからです。話す内容は同じでも、順番を変えるだけで支店長の心証が違ってきます。

また、「**どの銀行にも同じ話をする**」という点にも気をつけます。銀行にはそれぞれの方針があります。同じ銀行でも、支店によって対応が違いますし、支店長が代われば方針も変わります。そういう違いや変化をつかむために、同じ話をすることが有効です。

金言30

お金の使い道を報告せよ

メモ

融資を受けた社長には、結果を報告する義務がある

銀行が融資をするとき、担保を取るのは、社長が「**信用できないから**」です。銀行は、「**優良な会社**」にはどんどんお金を貸したい。そして、銀行から見た「優良な会社」とは、「**貸したお金を期日までに確実に返済して、かつ金利を払ってくれる会社**」です。それが「信用できる会社」です。

世の中を見渡すと、優良な会社ばかりではありません。むしろ、そうした会社は少ない。だから、銀行は根抵当権をつけたり、個人保証を取ったりするわけです。

多くの社長は、融資を申し込むときには「お願いします」と頭を下げますが、融資を受けたとたんに知らん顔をします。「そのお金をどのように使ったのか」「その結果、会社がどうなったのか」は報告しません。

お金を借りたら、「**お金の使い道**」**を報告するのが当たり前**なのに、報告の義務を怠っています。貸した側からすれば、ちゃんと返済してもらえるのかと心配です。だから、**万が一に備えて、担保や個人保証を取ります**。

銀行は数字を使って話のできる社長を評価します。数字は説得力のある言葉です。

金言31

繰り上げ返済はしてはいけない

メモ

金利が高くても、約束通りの期間で返済するのが借入れのルール

借入れの基本は「**金利が高くても、返済期間は長く**」です。ところが、多くの社長は「金利は安く、返済期間は短く」しようとします。だから、資金繰りが苦しくなります。

「借金は悪」「金利はもったいない」「銀行は敵」と考えている社長ほど、借入れをすると「繰り上げ返済したい」「リスケ（リスケジュール）をしたい」と考えます。ですが、**資金に余裕があっても、繰り上げ返済をしてはいけません**。

なぜなら、繰り上げ返済をすると、銀行が損をするからです。早く返したほうが銀行にもメリットがあるのでは、と思われるかもしれませんが、逆です。銀行は融資をする際、「この会社にこれだけ貸すと、これだけ金利が得られる」と「**期限の利益**」を計算するから、期限前に返済されると利益が少なくなります。

赤字のときに借入れると金利は高いが、お金を貸してもらえたから、危機を乗り越えられました。それなのに、業績が良くなったとたん、「高い金利を払うのは損」と考えるのは都合がよすぎます。会社と銀行はビジネスパートナーですから、自社の都合だけで繰り上げ返済をしてはいけません。**約束した通りに返済するのがルール**です。

金言32

銀行の〝ノルマ〟には協力せよ

メモ

相手の都合を考慮すると、それが自社の得につながる

銀行マンは、新規融資や融資増加額で評価されます。彼らがノルマに追われるのは、「3月、4月、9月、10月」です。この時期になると、「ノルマを達成したい。どこかに貸せる会社はないか」と融資先を探します。

どの銀行も「他行に取られる前に貸したい」と考えるから、競争原理も働きます。だから、この時期が近付いてくると、私は「貸出しは足りていますか？」と取引のある銀行に平等に声がけをして、**できるだけお金を借りる**ようにしています。

9月には銀行の中間決算があり、支店長はそれまでに成績を上げようと必死です。支店長の評価はS、A、B、C、Dと分かれ、Sランクは本店行きですが、Cランク以下だと外に出されてしまいます。だから、7、8月頃に「武蔵野には資金需要がある」という**情報を伝えておく**と、銀行側から「金利を少し下げてもいいので、借りてくれませんか？」と声がかかります。その結果、わが社は好条件で融資が受けられ、銀行は成績を上げられる。**双方よし**です。

このように、銀行交渉を上手に進めるには、**銀行や支店長の都合まで考慮する**ことです。決して自社の都合だけで借りてはいけません。

金言33

1行も融資が下りない新規事業は中止せよ

メモ

採算の合わない事業に銀行は決してお金を貸さない

よく経営サポート会員の社長から「新規事業に投資したい」という相談を受けます。その際、私は「銀行が1行でも貸してくれるなら、やりなさい。1行も貸してくれないなら、やめなさい」と答えます。銀行は常に「その事業が伸びるか」「融資しても大丈夫か」を考えます。**融資を申し込んで1行も貸してくれないとすれば、その事業は見込みがない**証拠です。

とくに政府系金融機関は審査が厳しく、簡単には融資が受けられません。見方を変えれば、そこから融資を受けられれば、その事業は「見込みがある」ことになります。

私は**自社を客観的に見るためのチェック機関として銀行を活用**しています。20年以上前の話ですが、半期が終わった時点で売上は118%伸びていたのに、人件費や経費がかさんで赤字になっていました。私は各行を訪問し、現状を伝えて「このまま伸びると125%まで成長します。来期もお金を貸してくれますか?」と尋ねました。返事はすべて「NO」でした。このまま成長すれば経費や在庫が増え、資金繰りが厳しくなると銀行は予想したわけです。

私はその判断に従って新規事業への投資を縮小し、さらに営業所の統合閉鎖を行って、かろうじて利益を出しました。その結果、再び融資が行われるようになりました。

金言34

近くの支店より、決済額の大きな支店を選べ

メモ

銀行との取引は距離ではなく決済額で判断する

融資を受けるとき、多くの社長は「会社の近くにある支店」と取引します。私は違います。会社から遠くても、「**支店長の決裁権が大きい支店**」と取引します。銀行は店舗ごとに役割があります。お金を「集める」ことを主とした支店、「貸す」ことを主とした支店、あるいは管理職の行員が箔をつけるために配属される支店もあります。

支店ごとの決済額も違います。副支店長から昇進した支店長のいる支店の決済額が5000万円とすると、支店長を歴任した人が着任した支店では、倍の1億円になる可能性が高い。そのため、7000万円の借入れが必要ならば、1億円の決済額を持つ支店と取引したほうが**資金を調達しやすい**ことになります。

A銀行とB銀行が統合してAB銀行が誕生したときに、私は武蔵野本社近くの吉祥寺支店ではなく、より決済額の大きい新宿支店を選びました。**距離ではなく決済額が重要**だからです。

経営統合後に**どちらの銀行が主流になるかを見極める**ことも必要です。双方の銀行に口座があった場合、どちらの口座を残すかが、融資を受ける際に大きな影響を及ぼすからです。

なお、支店の決済額がわからないときは、融資担当者に粘り強く聞くことです。

金言35

定期預金は何本かに分けておけ

メモ

定期預金を1本にまとめると損をする

定期預金をすることになったら、「何本かに分けておく」のが基本です。しかし実際は、1億円を定期預金にするとき、「1億円を1本の定期預金」にまとめる社長のほうが多い。そういう社長は、「1本にすると手間が省けるし、長期で預ければ利息がいい」と考えます。

ですが、これは間違い。**定期預金を1本にまとめる社長は損をします**。お金が足りなくなって2500万円を借りるときに、1億円の定期預金を担保に取られます。ここで無知な社長は、「1億円を担保に入れているから、あと7500万円借りられる」と考えます。しかし、この1億円は銀行に拘束されているため、2500万円の担保価値しかありません。

だから、1億円を定期預金にするときは、**「1億円1本」にするのではなく、「2500万円×4本の定期預金」に分けます**。そうしておけば、1本を担保に差し出しても、残りの3本は自由に使えますし、追加で資金が必要になったら、残りの定期預金を担保にお金を借りることもできます。また、2500万円を担保にすれば、5000万～6000万円くらいまでは借りられます。

これを知っているのと知らないのとでは、同じことをやっていても、結果は大きく違ってきます。

金言36

「根抵当権」ではなく「抵当権」で借りろ!

メモ

「根抵当権」を設定すると、他行の借入れができない

私が社長に就任した当時、武蔵野には7億円の借入れがありました。創業者の藤本寅雄は、本社の土地や自宅を担保として銀行に差し出して、すべてに「根抵当権」がついていました。銀行が設定する抵当権には、「抵当権」と「根抵当権」があります。**「抵当権」は返済が終了すると解除されますが、「根抵当権」は解除されません。**

銀行は、「根抵当にしておけば、毎回担保を設定しなくてよい」と説明します。1億円の土地に根抵当権をつけて、A行から2500万円借入れをします。何も知らない社長は「まだ7500万円借りられる」と考えますが、「2500万円貸したときと同じ利益状況」でなければ、貸してもらえません。会社の業績が急激に下がっていれば、7500万円の担保価値は認められません。

ところが、土地を分筆《ぶんぴつ》して「抵当権」をつけ、A行から2500万円借りれば、残りの7500万円の担保価値は残るから、**他行の「抵当権」に入れて借りる**ことができます。だから、抵当権を設定するなら、**「根抵当権」ではなく、「抵当権」で借りる**のが正しい。銀行が根抵当権を勧めるのは、取引先を「他の銀行にとられないため」です。

金言37

新規銀行の〝飛び込み〟は丁重に迎え入れよ

メモ

「融資の提案書」を出してもらい、取引銀行との折衝に活用する

取引のない新規銀行が「融資をしたい」と飛び込み営業に来たときには、**借入れの予定がなくても追い返してはいけません**。飛び込み営業といっても、銀行の調査セクションが調べて、「この会社なら大丈夫」と判断したうえでやって来ているからです。

ですから、**丁重に迎え入れる**。これが正しい。コーヒーやお茶を出してもてなし、よく話を聞いて、最後に金融機関名、融資額、期間、金利、担保等の条件、月々の返済額が具体的に書いてある「**融資の提案書**」をお願いします。

そして、受け取った提案書は「取引銀行」の担当者に「新規の銀行が営業に来て、提案書を置いていったのですが、どうしたらいいですか？」と渡します。銀行同士を競わせると融資を打ち切られるのではないかと心配する社長がいますが、これは逆。むしろ喜ばれます。

なぜなら、他行の提案書はその会社を客観的に判断する材料になるからです。本店の審査部が融資を迷っているとき、他行の提案書が稟議書に添付されていれば、稟議を通す強力な材料になります。銀行の各支店にはノルマがあるため、貸せるものなら貸したい。だから、結果的に**他行の提案書は取引銀行の支店長（担当者）を応援することになります**。

金言38

有利に借りたかったら銀行同士を競わせせよ

メモ

「他行の提案書」は稟議を通す強力な資料になる

「融資をするか、しないか」を最終的に判断するのは、銀行本店の審査部です。審査部には、支店での実務体験のある行員が配属されますが、「貸すか、貸さないか」のジャッジが微妙な会社の場合は、迷ったあげく、稟議が通らないこともあります。

こういうときに、「**融資したくなる資料**」があると、かなり高い確率で融資が決まります。

武蔵野は、**経営計画書と経営計画資料（人員・資金・情報・時間をどのように活用するかを数字で表した管理資料）**、そして新規で営業に来た「**他行の提案書**」を利用します。

借入れのためにつくった資料は、都合よく「作文」できるため、信用されにくい。その点、「他行の提案書」や「お客様からの注文書のコピー」などは説得力があります。とくに「他行の提案書」は、「**貸しても大丈夫な会社**」というお墨付きになります。

また、提案書を添付すると融資が下りるだけでなく、「有利な融資条件」が引き出せることがあります。新規の銀行は「ぜひ取引をしたい」と、金利を下げてきます。すると取引銀行は、顧客を奪われまいと、「**新規の銀行と同じ金利か、下げた金利**」で融資を検討します。

新規の銀行と従来の銀行を競わせると、**自社に有利な条件を引き出すことができます**。

金言39

自社ビルは持たないほうが得である

メモ

無駄な資産を持たなければ、会社の格付けがアップする

私は、できるだけ**固定資産を持たない**ようにしています。本社ビルも賃貸で、毎月の家賃は「経費」です。土地を購入して本社ビルを建てると、「経費」ではなく「資産」になります。資産の返済は、「利益」で行います。経常利益4000万円の会社が、自社ビルを買います。年間の返済額は1000万円、現在借りているオフィスの賃料も同じく年間1000万円ならば、支払う額は同じでも、購入の場合、賃貸に比べて現金が残りません（その差750万円）。

自社ビルを購入すると、経費となる家賃がなくなる分、税金が増えます。現金が残らないので、資金繰りも危うくなります。一方、**家賃なら経費として利益を圧縮でき**、税金が安く済みます。**無駄な資産を持たず総資産を圧縮すると、自動的に負債が減少**します。

すでに土地や資産を持っているのなら、社長が個人会社をつくり、その会社に土地を売却して、会社が土地を借りればいい。すると資産だった土地が経費に変わります。社長の個人会社には土地購入の借金が残るので、実態は変わりませんが、土地の売却で土地購入の借入金を返済すると、資産と借入金が減り、会社の格付けがよくなります。**社長個人の資産を増加させると、会社を守ることになります。**

金言40

社員教育にお金をかけすぎて倒産した会社はない！

メモ

ライバルに勝つには「社員教育」への投資が欠かせない

ライバルと差をつけるのは商品や価格ではありません。よほど特殊なマーケットでなければ、どの会社も似たり寄ったりの商品やサービスを、同じような価格帯で扱っているからです。

そういう中で**勝敗を決めるのは「人」の成長**です。お客様は、商品を見て選ぶのではなく、それを提供する人を見て選びます。だから社長は、「社員教育」に投資します。中小企業に優秀な人材はなかなか集まりません。だから、「それなりの人材」を採用して、社員教育を繰り返し、「**それなりの人を戦力化する**」しかない。それが正しい経営のあり方です。

「社員教育は、お金がかかるから無駄」と考える社長もいます。たしかに社員教育にお金をかけるのは大変です。しかし、**お金をかければかけるほど、社員は裏切りません**。

また、**社員教育は全額「経費」**になるから、利益が出ている会社が社員教育をすると、結果的に**節税**にもなります。

私はこれまで2000社以上の指導をしてきましたが、**社員教育にお金をかけすぎて倒産した会社は1社もありません**。会社を成長させるには、まず人を育てる。「社員教育にかけるお金は『やりすぎる』くらいでちょうどいい」が、私の持論です。

[表1]武蔵野の第54期（平成29年4月末）賃借対照表より
（金言2、16ページ）

（単位：百万円）

資産科目		負債・純資産科目	
流動資産	3,117	固定負債	2,327
現金	66	長期借入金	2,146
普通預金	1,949		
固定性預金	325		

現金6600万円＋普通預金19億4900万円＋
固定性預金3億2500万円＝23億4000万円

23億4000万円－長期借入金21億4600万円
＝1億9400万円　←実質無借金

現金6600万円＋普通預金19億4900万円＝20億1500万円

同じ経営内容でも、いつでも20億円使える会社と
2億円しか使えない会社とでは雲《うん》泥《でい》の差がある！

第2章

整理・整頓・清潔

——環境整備で会社は変わる

金言41

儲けの8割は整頓で決まる

メモ

モノの置き場所を変えれば、社員の行動が変わり、心が変わる

儲かる会社は、「**モノの置き場所を定期的に変える会社**」です。マーケットには、お客様とライバルしかいません。お客様は常に変化します。その変化に、いち早く対応した会社が、ライバルとの競争を制します。**絶え間なく変化できる会社が**「**儲かる**」**会社**です。

社長が心を入れ替え、社員の心を入れ替える。あるいは、一致団結して行動を変える。こうした心意気は尊いが、効果は今ひとつです。人間の心は不安定なうえに形がなく、変化した結果を確認できません。行動も同様で、結果の確認が難しく、持続性にも欠けます。

結果を出すためには、**具体的で確認可能な、形あるモノを変える**ことです。その筆頭が、モノの置き場所です。お客様と世の中の変化に合わせて、モノの置き場所を変えれば、社員の行動が変わります。その結果として、心が変わります。

モノの置き場所を変えるのは、整頓です。経営で、最も具体的で目に見えてわかるソリューションは、**現場の**「**整頓**」です。モノの整頓、考え方の整頓、情報の整頓を徹底する。これはどんな現場でもすぐ導入できて、結果に直結する万能薬です。**儲けの8割は整頓で決まる**。口は嘘をつけるが、形は嘘をつきません。

金言42

整理＝戦略、整頓＝戦術である

メモ

毎朝の整理・整頓の繰り返しが強い現場をつくる

「儲かる現場をつくる」ために最も重要なのは、**整理と整頓**。とくに整頓です。

整理は、モノの要否を判断して、**不要なものを捨てる**ことです。これを経営に置き換えれば「**戦略**」です。経営判断において重要なのは、「今までしてきたことをやめる決断」です。自社の強みが生きる事業が見つかったら、他を捨ててでも経営資源を集中投下する。

そうした重要な「捨てる決断」を、毎日、繰り返し訓練できるのが、「モノの整理」です。

一方、整頓とは、モノが使いやすいように**置き場所を定め、置き方を工夫する**ことです。経営に置き換えれば「**戦術**」です。売れ筋商品の売れ行きが鈍ったところに、新しいヒット商品が出たので、売れない商品を捨て、新商品の販売を強化すると決める。これは「戦略」です。そして、新商品が効率よく売れるように、どこに置くかを考える。これが「戦術」です。

この戦術の訓練を、毎日、繰り返せるのが、「モノの整頓」です。

整理整頓をはじめ、**環境整備には、商売の基本がすべて詰まっています**。整頓が身についた社員は、自分の頭で「戦術」を立てられます。整理がきちんとできる幹部は、「戦略」をしっかり立てられます。だから私は、**毎朝30分の環境整備**に何より力を入れています。

金言43

「清潔」の前に、まず「整頓」から教育する

メモ

答えが一目でわかる「整頓」、一目ではわからない「清潔」

社内教育で「清潔」と「整頓」のどちらが重要かといえば、整頓です。なぜならば、**清潔は整頓よりレベルが高く、難しい**からです。**易しいことからやる**のが、教育の鉄則です。

整頓の教育は、決まった位置に決まった方法で置かせることで、きちんとできるかが一目でわかります。**正しい答えに具体的な形があります**。一方、どのような状態をきれいと感じるかは、人によって違います。**清潔の基準が抽象的で、具体的な形がない**からです。

だから整頓は、部下にとっても取り組みやすく、上司にとっても指導しやすいが、清潔の教育は、新人の上司にはハードルが高い。いきなり難しいことを求める教育は、必ず失敗します。

したがって、清潔より整頓。整頓ができてから清潔に着手するのが、正しい順番です。

整頓を徹底していれば、清潔はあとからついてきます。モノを決まった位置に、決まった方法で置かないと叱られる経験を繰り返すと、部下はある日、「モノが少ないほうが叱られにくい」と気づきます。ペンの向きをそろえて並べるとき、5本より3本、3本より1本のほうがラクです。だから**自然に整理**して、必要最小限のモノしか持たなくなります。

金言44

〝形〟から入るから社員は変わる

メモ

社員の心を変えるには、目に見える形で実践させる

社員の心を変えようと思うのなら、整頓を徹底することです。私は社員に、「自分より結果を出している優秀な人がいたら、その人のやり方をそのままマネする」ことを求めます。**仕事で成長するには、「デキる人のマネ」が一番の早道**です。ですが素直に実行できる人は少ない。

それを教える最良の方法が、整頓です。なぜなら、整頓は、先輩たちが「モノをこう置けば、仕事がやりやすい」と実証したやり方を、そのままマネすることだからです。それに気づくと、部下や後輩たちは、素直な心で上司や先輩の仕事のやり方を学びます。

２０１８年入社の齋藤由莉佳・小田島圭佑・中島かれん・絵鳩祥子が新人賞を受賞したのは、先輩を徹底してマネたからです。他人の勧めることを嫌々ながらでもやってみる。そこに、**人として成長する普遍のセオリー**が隠れています。整頓は気の進まないことを「目に見える形で実践」することです。その結果、「目に見えるメリット」が得られ、その「意義」に気づきます。

これをお説教や訓話といった形で直接、社員の心に訴えても、社員は変わりません。だから、日々の目で見てわかる整頓で、しつこく働きかけて、社員の心を少しずつ確実に変えていきます。「**形から入って心に至る**」、これが整頓を通じた**人材教育の極意**です。

金言45

トイレ掃除で「考より行」の大切さを学べ

メモ

嫌悪感や恐怖感の先に、仕事の本当の醍醐味がある

わが社の内定者研修にトイレ掃除があります。できるだけ汚れた公共トイレを探して、便器から床までくまなく掃除します。トイレ掃除は、胸がワクワクする面白い体験が小さなストレスを乗り越えた先にあることを伝える手段です。

人間の嫌悪感や恐怖感は、目から入った情報を基に脳で生まれます。一方、人間の手足は、脳や目が感じるほど嫌悪や恐怖を感じません。だから、困難な状況に直面したとき、最初に目や頭に頼ってはいけません。まずは**何も考えずに手足を動かし、体を動かす**。目に見える景色におびえ、頭で考えてじっとしていたら、何の解決策も生まれません。「**考より行**」が大事です。

この真理を教えるのに、一番いいのがトイレ掃除です。誰でも最初は、便器に手を突っ込むことに尻込みをします。けれど、勇気を振り絞って手を突っ込んで磨いていくと、数十分で、自分の顔が映るくらいピカピカになります。この体験をすると、誰もが夢中になります。

人間は、自分のしたことの結果が目に見えてわかると、やりがいを感じます。そのためには**困難から逃げず、勇気を出してぶつかること**。その大切さを、トイレ掃除は教えてくれます。**目は臆病だが、手は勇気があります**。

金言46

発注管理はデタラメな基準で走り出せ！

メモ

失敗を恐れず実行し、失敗したら手直しをすればいい

多くの中小企業経営者は、発注管理の重要性を察しています。発注管理で適正在庫を維持できないのが、大企業と自分たちとの差であるとわかっています。だから、自社に発注管理や在庫管理の仕組みを導入しようとするが、**考えすぎて足踏み**をしてしまいます。

要するに、発注基準がネックになる。発注管理の導入には、「在庫がどれくらい減ったら、どのくらいの発注をかける」と発注基準を定めることが不可欠です。ところが、適切な基準を見極めるのがとても難しいので、そこで音を上げ、あきらめてしまいます。

実は、この打開策は簡単です。**デタラメな基準を決めて、とにかく仕組みを回せばいい**。すると、必ず問題が発生します。基準が低すぎれば在庫が不足し、高すぎれば余剰在庫が発生します。しかし、最初は失敗しても、そこから先は簡単です。基準が低すぎるとわかったら上げればいいし、高すぎたら下げる。試行錯誤を繰り返しているうちに、適正な基準がわかってきます。深く考える必要などありません。

失敗を恐れずに、実行に移す。そして失敗した**結果を受けて、手直し**する。これは**重要なノウハウ**です。最悪なのは、正しさを追い求めて考えすぎるあまり、行動しないことです。

金言47

社長の願望を標語にしても効果はない

メモ

正しいツールやノウハウを示せば、社員は自分から行動する

中小企業を訪問すると、「今期売上高○○億円、必達!」「トイレはきれいに使いましょう」といった貼り紙をよく見かけます。しかし、こういう会社の多くが、売上が伸び悩み、トイレが汚い。これは、社長の「願望」をそのまま標語にしているからです。**いくら社長が願望を表明したところで、社員は変わりません。**

わが社も多くの掲示物があるが、私の願望をそのまま書き出した掲示物はひとつもありません。**掲示するのは、「目標を示す数字」と「結果を出すためのツール」の2つだけ**です。

私は、「結果を出せ」とか「結果にこだわれ」といった叱咤激励は一切しません。その代わりに、社員に自分の部署の「数字」を掲示させます。前年同月比マイナスは赤い数字で示すルールです。目立つ場所に大きく掲示すると、赤い数字ばかり並べば、恥ずかしくなって、誰でも自分からどうにかしようと考え、行動します。

仕事で結果が出れば、人事評価が上がり、給料も賞与も上がるから、社員は喜びます。そのためのツールやノウハウを会社が提供すれば、社員は必ずついてきます。重要なのは、社長と幹部が**結果につながる正しいノウハウを突き止め、社員を正しく導く**ことです。

金言48

大事な情報はアナログで共有せよ

メモ

超アナログで、それなりの人も成果を出せる仕組みをつくる

最近は、職場での情報共有にＩＴツールを導入する企業が増えています。わが社も積極的に活用しますが、本当に大事な情報は、絶対に**アナログで共有**します。ＩＴツールを活用した**デジタル情報は、誰もが同じように使いこなせません**。強い会社は**仕組みが多く、巧み**です。会社の仕組みは、今いる社員が高い能力を持っていても、基本的に**能力の低い人でも、結果が出せる設計にすべき**です。

会社は絶えず、新しい人材を入れます。「仕事ができる人」を前提とした仕組みに、「仕事ができない人」を置くと、まったく身動きがとれません。しかし、能力が低い新人でも、最初からある程度結果の出せる仕事をしてもらわないと、儲かりません。

逆に、「仕事ができない人」を前提とした仕組みの中に、「仕事ができる人」を置いても、ほとんど問題は起きません。だから、最初から必要なことは絶対にアナログで情報共有するほうがいい。そして、アナログで情報共有する仕組みをつくり、全員が同じ結果を出せたら、デジタル化します。会社の仕組みは、**最初はアナログで、結果が出たらデジタル化**。このほうが成果を出しやすいです。

金言49

アナログ情報は
すべてデジタルに
変換せよ

メモ

アナログとデジタルをつなぎ、情報を有効活用する

わが社は、日報やお客様に関する定性情報をすべてマイページPlus（武蔵野の情報管理システム）に蓄積し、デジタル化しています。また、数値化可能な定量情報は、時系列で情報収集し、グーグルが提供するデータドリブンを使って集計・分析しています。

タイムカードデータであれば、「誰が何時何分に押したか」がデータ化され、15分ごとの残業データが出てきます。「残業をした」というアナログ情報をデジタルに変換して蓄積すると、「その人はなぜ残業をしているのか」を分析することもできます。今一番残業をやっている社員は、子どもができて奥さんが働けないから稼げない。だから残業で稼いでいます。このように**デジタルデータにアナログ情報を紐づけする**と、残業する理由がわかってきます。

ところが、武蔵野には月に270時間以上働く人は賞与を半分にする方針があります。計算すると、残業稼ぎをすれば損をし、A評価が取れないことがわかる。それを社員にフィードバックすることによって、無駄な残業を減らしています。

アナログで入った情報をデジタルで処理し、アナログでフィードバックする。アナログとデジタルを上手につなぐと、現実に即した効果的な活用ができます。

金言50

設備投資に「もったいない」は禁句！

メモ

仕事の効率を上げるために、設備投資は不可欠なもの

人手不足の今、**「人手の奪い合い」に勝つためには、残業を減らし、生産性を向上させることがカギ**になります。そのために重要なのが、業務改善に必要な設備投資です。

わが社は、ｉＰａｄを発売直後から大量に購入して、社員（約２７０人）とパート・アルバイト・外交員の全員に７００台を支給、ｉＰｈｏｎｅも３５０台を支給しています。そして、電子機器は全員に私用でも使わせています。

こういう投資に、中小企業の社長は尻込みします。静岡県浜松市のエネジン株式会社（藤田源右衛門社長）は、全社員２０６人のうち内勤を除く１６６人にｉＰｈｏｎｅを支給したところ、月の残業30時間が1年で15時間に減少して、社長はなんでこうなったのかとビックリしました。

世界で称賛された日本語に「もったいない」という言葉があります。ものを大切にする考え方は、家庭生活では大事だと私も思います。しかし、**会社経営は別**です。

効率を上げるには、絶え間ない投資が不可欠です。まだ使えるパソコンでも、もっと性能が良くて、仕事のスピードが上がる新機種が出たら、すぐさま買い替える。そこで**「もったいない」の価値観を捨てなければ、儲かる会社はつくれません。**

金言51

環境整備の状況は現場でチェックせよ

メモ

社員が決めてきちんとやる会社にすることが大事

武蔵野では4週間に1度、「環境整備点検」を実施しています。**社長と幹部が1日かけて全部署を回り**、整理整頓を部署ごとに21項目チェックして、**環境整備の実施状況を点検します**。環境整備点検の点数は、その部署の人事評価に反映され、賞与の増減に影響します。お金がかかっているから、皆、必死でやります。

環境整備で社員教育する経営手法は私の専売特許ではありませんが、実施状況を社長と幹部でチェックする仕組みは私のオリジナルです。部下に「やれ」と命じて、「はい」と返事が返ってくると、やっていると信じて、社長も幹部も気が緩みます。しかし、**口約束と実行は別の次元**。実行の担保は、社長・上司が現場に足を運び、自分の目で確かめなければできません。

私は、社長になって「環境整備で業界一になる」と宣言した後、この現場チェックを始めました。それも、「**○月○日に、チェックします**」と事前予告します。点検日を指定すれば、社員は嫌々ながらやります。いつやるかといえば、点検の前日、あるいは当日の朝です。

でも、社員を責めてはいけません。直前に慌ててやっても、社員が言われたことをきちんとやる会社と、やらない会社では、**雲泥《うんでい》の差**がつきます。

金言52

環境整備の評価基準を上げすぎるな！

メモ

社員の自発性を引き出すために、最初に満点を出させる

環境整備点検を行うときに注意するのは、**最初から評価基準を上げすぎない**ことです。多くの会社が、評価基準を厳しくしすぎて失敗しています。私は2つの工夫をしました。

第一に、採点を120点満点にしました。こうすれば、20点の減点でも100点です。学校なら満点の数字だから、100点満点で80点取るより嬉しいと考えました。

第二に、120点を取れる部署が出るように、採点基準をいったん緩くしました。すると、110点、115点の部署は、あと少しの努力で満点が取れるので頑張ります。こうして全体のレベルを上げて、少しずつ採点基準を戻しました。

必要なのは、発想の切り替えです。**「努力したら満点をあげる」のではなく、「最初に満点を出させる」**ことです。それによって**社員のやる気が増します**。その結果、2018年度、営業サポート(ダスキン)が会社はじまって以来、**毎月満点の快挙**を達成しました。

環境整備の点検項目も、今では社員が変更します。私の役目は、社員の提案の承認だけです。自分の提案が会社の方針になるので、社員は活発に提案します。その結果、現場に要求されるレベルはどんどん上がるが、社員は喜んでやっています。

金言53

業務改善は自社の成功事例のマネから

メモ

最も効果的なヒントは他部署の成功事例の中にある

わが社は全部署に「黄色ボード」と呼ばれる掲示板を設置しています。そこに、各部署が最近、実施した業務改善について説明したA4サイズのシートが掲示されます。シートの下には評価欄があり、評価結果に加えて、評価者の名前と所属部署、評価した日付を書き込みます。**評価は、違う建物にある他部署の幹部が行う**ルールです。他部署の幹部の名前がないと、環境整備点検で減点されます。これは、評価を名目に「**社員に他部署を見に行かせる**」ことが狙いです。

儲からない会社は、社員が他部署を知りません。見たことも、足を踏み入れたこともない。**こういうタコツボ化した会社に限って、社員に競合他社の視察をさせるが、はっきり言って、無駄です。業務改善で最も効果的なのは、**自社ですでに結果が出ている取り組みをマネすること**。自社のマネなら、同じ競争条件の中での比較で**成功確率が高い**し、また、**マネされた部署のモチベーションが上がります**。

社員の気づきの力も上がります。他部署を見る目が変わり、業務改善が加速します。それを全社に横展開する仕組みとして、わが社は年14回バスウォッチングを開催し、全従業員が参加します。他社の視察をするなら、こういう違いに気づける社員を育てたあとでしょう。

[表2]武蔵野の第55期、第56期、第61期の長期財務格付け
(金言19、50ページ)

単位(金額)百万円

項目(単位:百万円)	第55期			第56期(計画)			第61期(計画)			説明
	結果	配点	点数	結果	配点	点数	結果	配点	点数	
1 安全性項目	55期経常利益:500.0									
自己資本比率	21.3%	10	3	29.5%	10	5	57.2%	10	9	自己資本(純資産)/総資本(負債+総資産)
ギアリング比率	213.3%	10	2	103.0%	10	6	29.2%	10	10	有利子負債(商業手形除く)/自己資本
固定長期適合率	51.6%	7	5	39.5%	7	7	19.4%	7	7	固定資産/(固定負債+自己資本)
流動比率	213.2%	7	7	193.5%	7	7	328.3%	7	7	流動資産/流動負債
2 収益性項目	54期経常利益:633.7									
売上高経常利益率	6.7%	5	5	23.1%	5	5	24.1%	5	5	経常利益/売上高
総資本経常利益率	10.7%	5	5	32.3%	5	5	22.1%	5	5	経常利益/総資本
収益フロー	3期黒字	5	5	3期黒字	5	5	3期黒字	5	5	
3 成長性項目	53期経常利益:408.8									
経常利益増加率	-21.1%	5	0	384.8%	5	5	11.4%	5	2	(今期経常利益ー前期経常利益)/前期経常利益
自己資本額	1,000.5	15	7	2,212.5	15	7	10,627.5	15	15	
売上高	7,500.0	5	5	10,500.0	5	5	17,000.0	5	5	
4 返済能力	55期営業利益:526.6 55期減価償却費:180.0									
債務償還年数	3.0年	20	14	0.8年	20	20	0.7年	20	20	有利子負債(商業手形除く)/償却前経常利益
インタレスト・カバレッジ・レシオ	80.0倍	15	15	93.3倍	15	15	128.6倍	15	15	(営業利益+受取利息+配当金)/(支払利息+割引料)
キャッシュフロー額	706.6	20	10	2,753.5	20	12	4,599.3	20	14	営業利益+減価償却費
定量要因計		129	83		129	104		129	119	
100点法による採点		100	64		100	81		100	92	

スコア	格付け	ポイント
90以上	1	リスクなし
80以上	2	ほとんどリスクなし
65以上	3	リスク些少
50以上	4	リスクがあるが良好水準
40以上	5	リスクがあるが平均的水準
25以上	6	リスクやや高いが許容範囲
25未満	7	リスク高く徹底管理
警戒先	8	現在債務不履行
延滞先	9	債務不履行でメドたたず
事故先	10	履行のメド全くなし

第55期格付け判定

3

第56期格付け判定

2

第61期格付け判定

1

参考:池井戸潤著『会社の格付』(中経出版)

第3章

経営計画

——儲かる会社にする〝魔法の書〟

金言54

「経営計画書」を作成すれば、それが現実になる

メモ

根拠がなくても数字と期日を書くと、それが実現する

「〈経営計画書〉は魔法の書。なぜなら、書いたらその通りになるから」――経営サポート会員の多くが、こう言います。**書いたら、その通りになる。つくると、その通りになる。それが「経営計画書」の力**です。

私はこれまで、「経営計画書」に「根拠のない、デタラメな目標」をたくさん書いてきました。「変なことを書いた。どうしてこんなことを書いてしまったのか」と後悔したこともあります。しかし、人は不思議なもので、**数字と期日を紙に書く**と、デタラメであっても、書いた目標に向かって走り始めます。

42期の計画書は、5年後の目標として「売上57億4000万円、経常利益3億円」と書きました。42期の売上は34億4000万円、経常利益は3400万円でしたから、はっきり言って、無謀な計画です。しかし、発表した以上、その実現に向けて行動します。

そこから**行動が変わり、会社が変わり**ました。5年後の目標達成はなりませんでしたが、10年後に、経常利益の目標は達成し、売上もほぼ達成しています。いずれも、**書かなければ実現できなかった数字**です。「経営計画書」が「魔法の書」と呼ばれるゆえんです。

金言55

経営計画には5年後の目標を明記せよ

メモ

長期的に考え、「今、何をすべきか」を逆算して決定する

武蔵野の「経営計画書」は、「当期」の経営目標（売上高、粗利益率、人件費、経費、経常利益など）のほかに、「**長期事業構想書**」（長期事業計画）を掲載しています。「長期事業構想書」には、「**5年後**」までの事業計画、利益計画、要員計画、装置・設備計画、資本金計画が具体的な数字とともに明記されています。

この「長期事業構想書」を、私は「**夢への挑戦**」と位置づけています。はじめて「長期事業構想書」を策定したとき、私は、「5年で売上2倍」の計画を立てました。これを実現するには、「対前年比115％」で毎年成長しなければ達成できません。おおよそ世間の会社は「対前年比102％」で計画を立てるから、115％は無謀な計画と言われてもしかたありません。

しかし、**経営は、「目先」のことにとらわれずに、「長期的な視点で、どうすれば利益が出るか」を考えること**です。「**半年後、3年後、5年後にどうするか**」**を長期的に考え、「今、何をすべきか」を逆算して決定する**。それが正しい経営判断です。

「要員計画」の中に、「部長職以上は、セミナー講師を行う」と明記したこともあります。最初は心配でしたが、5年以内に、全員が「講師」として活躍するようになりました。

金言56

見切り発車で、「今すぐ」つくれ！

メモ

経営計画立案で最も大事なのは「正しさ」ではなく「早さ」

「経営計画書」をつくるときは、「正しさ」にこだわらず、見切り発車で「今すぐ」につくる。**経営計画を立てるときに大切なのは、「正しさ」ではなく、「早さ」**です。

会社の将来は、「やり方」で決まるのではありません。「決定」で決まります。会社が赤字になるのは、経営環境が厳しいとわかっていながら、社長が対策を取らなかった結果です。そして、**赤字会社の社長は、総じて決定をしません**。なぜか。「正しく決めようとする」からです。「どちらが正しいのか」とグズグズ考えているうちに、機を逸してしまいます。

社長が優柔不断だと、業績が下がります。慎重になりすぎて、経営のスピードが失われてしまうからです。それではマーケット（お客様とライバル）の変化についていけません。

悩んでも悩まなくても、結果はそれほど変わりません。決定の正しさは、悩んだ時間とは無関係です。そもそも「**正しさ**」**はお客様が決めるもの**で、社長が「正しい」と信じていても、お客様に受け入れられなければ、その決定は「間違い」です。

だから、テキトーでもいいから計画を立て、実行してみる。間違いに気づいたら、そこで修正すればいい。**実行が早いほど、間違いに気づくのも早くなり、修正も早くできます**。

金言57

他社の「マネ」をしてつくれ！

メモ

知識も経験もない社長に「利益を上げる計画」はつくれない

「経営計画書」をつくるときは、**「オリジナル」にこだわらず、他社の「マネ」をしてつくる**ことが大事です。ほとんどの社長は、「自分の考えを持たず、人の考えにしたがう」ことを恥ずかしいと考えます。しかし、経営は成果がすべてです。**独力で頑張って成果を出せない社長より、人のマネをして成果を出す社長のほうが優秀**です。

多くの社長が、0から1を生み出そうとします。しかし、知識も経験もないのに、0から1を生み出すことはできません。赤字の社長ほど、自分の頭で考えます。ですが、増収増益の経験がない社長がいくら考えてみても、「利益を上げる計画」は出てきません。武蔵野の仕組みは100％どこかのマネであり、すべて人から教えてもらったものです。**「マネこそ最高の創造であり、マネこそ最高の戦略」**です。

仕事の内容が違う、会社の規模も売上も違う、という意見をいただきます。しかし、どの業種も、お客様に商品やサービスを提供して、「粗利益額」を得ています。社員の給料・家賃等の経費もどの会社も同じです。だからまず、**できる人、わかる人に聞いて、そのマネから入る。**あとは状況に応じて、変更していけばいい。**マネも3年続ければ、自社のオリジナル**になります。

金言58

「25%の法則」で会社を変化させよ

メモ

順調なときに変化を恐れず、会社をつくり変えていく

多くの社長は、「敵はライバル会社である」と考えますが、**会社にとって最大の敵は、「時代の変化」**です。レコードがカセットテープに取って代わられ、カセットテープがCDの登場によって下火になり、インターネットの音楽配信が普及してCDの売れ行きが頭打ちになったように、変化への対応を怠れば、時代に取り残されてしまいます。

経営は「環境適応業」です。中小企業は、自ら変化を起こすことはできませんが、変化についていくことはできます。そのために社長は、「時代がどのように変化していくか」を長期的に見極め、時代の変化に合わせて、会社をつくり変えていかなければなりません。

そのとき、会社を成長させる指標となるのが、「**25％の法則**」です。「25％の法則」とは、扱っている**商品（サービス）、お客様、従業員**の3つを「**5年以内に25％新しくする**」ことです。このうちのひとつでも該当していれば「前年並み」の利益が出ます。すべて該当している会社は「急成長」します。何も変わらなければ、例外なく業績が下がります。

経営が順調なとき、多くの社長は「うまくいっているのだから、新しいことをする必要はない」と考えがちです。しかし、順調なときこそ先を見据えて、変化しなければなりません。

金言59

経営計画は どんどん つくり変えろ！

メモ

経営環境が変われば、すぐに計画を見直して対策を講じる

経営計画をつくったら、「途中で計画は変えてはいけない」「計画通りに続行するのが正しい」と考えている社長がいます。しかし、この考えは間違いです。経営計画は、**時代やお客様の都合に合わせ、「どんどん、つくり変える」**のが正解です。

計画を立て、その目標に向かって行動を起こすと、「実績」が出ます。そして、計画と実績を比べて、差が生じた理由を読み取ることができれば、次に打つ手がわかります。売れていない商品は、どんな仕掛けをしても売れません。「売れないもの」を売れるようにするより、「売れているもの」をさらに売り伸ばして、「売り損じ」をなくすほうが売上を最大化できます。

自社を取り巻く状況は、刻々と変化します。客観情勢が変われば、実績も変わってきます。計画がマーケットとかけ離れているのであれば、**成績の上がらない商品や事業を「なんとかしよう」とは思わず、成績の上がるほうに力を入れる**のが、正しいやり方です。

私は、5年後までの計画を書いた「長期事業構想書」も、毎年、書き換えています。それどころか、年に4回も書き直したことがあります。**中小企業の社長にとって、朝令暮改は、ほめ言葉**です。なぜなら、「**社長が経営環境の変化に敏感である証拠**」だからです。

金言60

利益目標は「逆算」して考えよ

メモ

目標の数字が決まれば、それを達成する方針は自動的に決まる

「経営計画書」で大切なひとつは「**数字**」です。「**数字で示さないと、自社の状況が把握できない**」し、「**目標の数字が決まらないと、方針が決まらない**」からです。「来期の経営目標」と「長期事業構想」の数字を決め、今期の数字と照合することで、会社の方針が決まります。

今期の利益を100として、来期の利益目標をいくつにするかによって方針が変わります。利益目標を100にするなら「方針続行」、150にするなら「人員・設備の増強」、50にするなら「人員・設備の半減」、0なら「撤退」です。

このように、**方針から目標を考えるのではなく、目標から方針を逆算する**のが正しい経営です。経営計画は、数字ありきです。利益目標の数字からブレークダウンすれば、「**どのお客様に、どの商品を、どれくらい売るのか**」の方針が自動的に決まります。

利益の源泉はお客様ですから、最初に決まるのは「お客様に関する方針」です。次に、「前年に5000万円売った商品を、今年は8000万円売る」というような「商品に関する方針」が決まります。それから、そのために販売方法を見直す「販売に関する方針」が決まり、販売をする人材の「採用（要員）に関する方針」が決まります。

金言61

目標の数字は「大きく」掲げる

メモ

目標を達成することより、多くの利益を出すことが大事

目標の数字は、**社長の一存**で決まります。社長が「**いくらほしい**」**と決めれば、それが目標額**になります。今期の経常利益の10％増でも、50％増でも、倍増でも、「これだけの経常利益を出す」と決めれば、それでいい。

私は、「**目標は、その通りにいかないから大切**」だと思っています。だから、目標を「大きく」掲げます。前期の経常利益が1億円の会社が、「対前年比102％」の利益目標を掲げ、それを達成すると、経常利益は1億200万円になります。一方、「対前年比150％」の利益目標を立てて、達成率が80％とすると、経常利益は1億2000万円になります。

利益目標は自由に決められるので、低く設定すれば100％達成でき、高くすれば達成できません。ですが、経営における正しさは、利益目標を100％達成することではない。**金額を稼いで、より多くの利益を出す**ことです。そのために、目標の数字を「大きく」設定します。

私はこれまで、前年の売上を下げたことはありませんが、売上計画の目標を達成したことも一度もありません。むしろ、それが自慢です。目標を達成して喜んでいるのは、社長の努力不足。計画が甘かっただけです。

金言62

販売価格は「お客様の満足度」で決める

メモ

商品の売れ行きは「ラブストーリー」の有無で決まる

多くの会社では、商品やサービスの価格を決めるときに、仕入原価に必要経費を加え、これに利益を上乗せしていきます。こうすると、原価割れしない安心感があり、マーケットの分析をしなくても、単純にコストから計算して価格を決めることができます。

しかし、この原価積み上げ方式は、設定した販売価格に対して、「お客様がどう反応して、需要がどう変化するか」が考慮されていません。販売価格を絶対評価で決めても、お客様は相対評価で買います。わが社では、販売価格を「**お客様の満足度**」で決めています。利益を出すために**大切なのは、需給のマッチング**です。武蔵野の業績がいいのは、商品構成も、商品の販売価格も、すべて「**お客様の声」を起点にして考えている**からです。

商品の価格は、お客様の満足度に比例して高くなります。「1枚100円のタオル」でも、「イチロー選手が、メジャー通算3000本安打を達成した試合で使用したタオル」ならば、付加価値がついてお客様の満足度が上がる。だから、10万円で買いたい人もいます。

商品が売れるか、売れないかは、「販売価格」で決まるのではありません。**付加価値があるか、ないかで決まる**。そして付加価値は、**商品に「ラブストーリー」をつける**ことです。

金言63

「やらないこと」を最初に決めよ

メモ

「あれも、これも」しようとすると、何ひとつうまくいかない

経営計画を立てるときは、**「やりたいこと」を決める前に、「やらないこと」を決めます。**「やりたくないことでも、利益を上げて会社を発展させるためなら、計画に盛り込むべき」と信じている社長もいますが、その考えは間違いです。**「やらないこと」を徹底するから、「やるべきこと」が浮き彫りになって、軸がブレず、迷いがなくなります。**

多くの社長は、「あれもやりたい、これもやりたい」という「思い」を「経営計画書」に書きたがりますが、「やりたい、やりたい」という「思い」ほど、「重い」ものはありません。「あれも、これも」と、**さまざまな「方針」を盛り込むと、社員は「放心」状態になります。**結果としてできないから、**「やらなくてよい」**が方針になります。

また、「やること」から決めると、何もかもが散漫になってしまい、結局は何もできずに終わってしまうことが多いです。「この仕事は可能性があるかもしれない」「この仕事を断るのはもったいない」「今はうまくいっていないが、この仕事はもう少し続けてみよう」と未練を残して、経営資源を集中できない。だから、うまくいかない。たくさんのことをやろうとすると、どれも中途半端になります。**「いろいろできる」ことは、長所ではなく短所**です。

金言64

「経営計画書」に責任の所在を明記せよ

メモ

クレームを社長の責任にすれば、隠す社員はいなくなる

わが社の「経営計画書」は、「**クレームに関する方針**」を明記して、「**クレームの発生責任は、すべて社長の小山昇にある**」と定義しています。

クレームを招いた事業を決定したのも、クレームを発生させる社員に担当させたのも、クレームが起きる商品を扱ったのも、すべて社長の責任です。

社員の責任は、一切問いません。給料の減額もしないし、降格人事もしない。ただし、クレーム発生の「**報告を怠った社員**」**には、その責任を追及**します。それが「経営計画書」に記載された武蔵野のルールです。だから、わが社には、クレームを隠す社員はほとんどいません。

多くの会社は、クレームがトップの耳にまで届きません。その理由は、社長がクレームを発生させた社員の責任を問い、処分するからです。だから、社員は自己保身に走ってクレームを隠し、現場の判断で場当たり的な対応をして、事態をますます悪化させてしまいます。

クレームは宝の山です。**自社を改善するヒント**が詰まっています。また、クレームにきちんと対応することで、**お客様の満足度を高める**こともできます。**大事なのは、**「**誰が**」**クレームを発生させたかではなく、**「**どんな**」**クレームが発生したか**です。

金言65

人事評価の基準を「経営計画書」に明示する

メモ

給料や賞与が増減する仕組みを明確にルール化しておく

社員にとって、**お金は愛**です。誤解を恐れずに言えば、**社員のやる気は**「**お金**」**で決まります**。社員の一番の関心は、「頑張ったあと、どれだけお金がもらえるか」です。「お金をもらえるなら、頑張る。もらえないなら、頑張らない」と考えるのが、まともな社員です。

「これをやったら、1万円上がる」「これをやらないと、賞与が低くなる」「これだけ業績を出せば、給料がこれだけ上がる」とルールを明確にしておくと、「お金がほしい」と**不純な動機**から、「嫌々ながら」「しかたなく」「面倒だと思いながらも」頑張ります。

武蔵野の人事評価制度は、頑張った社員と、頑張らなかった社員の差をつける制度です。ある年は、**賞与が一番多かった人と一番少なかった人との差が**「**72倍**」ありました。賞与が大きく減額された社員は不満を持ちます。それでも社員が納得するのは、**人事評価の基準が**「**経営計画書**」**に明示されている**からです。

中小企業の多くは、評価体系がありません。社長の「**どんぶり勘定**」**や**「**鉛筆ナメナメ**」で給料も賞与も決まります。明確なルールがなく、会社の好きなように決められてしまったら、**社員はやる気を失ってしまいます**。

金言66

社員のプライベートに踏み込め!

メモ

社員を守るために、プライベートを知っておく必要がある

会社を経営するうえで最も重要な情報は、「社員のプライベート」に関する情報です。武蔵野の「経営計画書」には、「飲み会では、仕事だけではなく、プライベートのことや悩みなども聞く。とくに、部下の金銭にかかわる相談事は、社長に報告する」と明記されています。

世間では、「社長や幹部が、部下のプライベートに踏み込んではいけない」との論調も聞かれます。しかし私は、「社員の会社に対する忠誠心を高める」ために、社員に**過干渉にならない範囲内で、社員のプライベートに踏み込んでいます**。55期社長賞を受賞した小林哲也本部長のお父さんは佐渡島出身で、その裏の家が本間美登里課長の実家だと知っています。

プライベートで悩みを抱えている社員は、仕事が絶対にうまくいきません。社長は、社員を大切にしたいからこそ、「どのような問題を抱えているのか」「どうして成績が上がらないのか」を知る必要があります。**プライベートを知ることは、「社員を守る」こと**です。

お客様の個人情報は絶対に守ります。しかし、社員の個人情報は、入社時に「オープンにしてよい」と承諾書を提出してもらっています。社員一人ひとりが武蔵野という大きな家族の一員でいられるのは、お互いに個人情報をオープンにしているからです。

金言67

「経営計画書」は携帯できる手帳にせよ

メモ

「経営計画書」を「道具」として使えるようにする

一流の料理人は、一流の道具を持っています。会社経営も「道具」次第で結果が変わる、と私は考えています。**立派な会社をつくる道具、それが「経営計画書」**です。会社の方針や社長の決定について、社員が共通の認識を持っている会社と、いない会社では、その差は歴然です。ましてて、その方針を社員が実行している会社と、そうでない会社の差は言うに及びません。

「経営計画書」は、**社員の「共通の認識」をつくり出すための「共通の道具」**です。

かつて、武蔵野の「経営計画書」は、A4サイズで、表紙に厚紙を使った重厚なものでした。内容は今と比べるとお粗末でしたが、見栄えだけは今の何倍も豪華でした。しかし、重すぎて、持ち歩けません。社員はもちろん、社長の私ですら、机の引き出しにしまいっぱなし。立派な会社をつくるための道具なのに、宝の持ち腐れでした。

道具は、使われるから価値があります。「経営計画書」は、社員が「どう行動すればいいか」迷ったときの道標です。**社員全員が携帯できなくては意味がありません**。そこで私は、「経営計画書」を常に持ち歩ける「**手帳型（B6変型サイズ）**」に変更しました。この手帳型の「経営計画書」は、わが社を立派な会社にするための、優れた道具となりました。

第4章

マネジメント

――人を思い通りに動かすには

金言68

「でたらめでいい」とハードルを下げろ

メモ

仕事のレベルを問うより、体験させることに意味がある

新しいことや、難しく思えることを「やれ」と言われると、多くの人は、失敗が怖くて、物怖《おじ》じしてしまいます。でも、それでは仕事は進まないし、その人の成長も止めてしまいます。そんなときは、**ハードルを下げて、やる気が出るようにしてあげます**。

私は、入社2年目の湯澤百花に講演の原稿をつくらせています。「社長の講演の原稿をつくる」仕事は、新入社員にはレベルが高く、自信もない。それは百も承知です。

だから私は、原稿の作成を頼むとき、「**でたらめでいい**」とつけ加えます。「でたらめ」なら、誰でもできるでしょう。そして、仕上げた原稿に対して、「ノー」とダメ出しをしたことは一度もありません。そもそも私は、社員に「100点」を期待してはいません。実際の講演で、湯澤がつくった原稿をそのまま使うこともありません。

一番大切なのは、**仕事のレベルは**「**そこそこ**」**でもいいから、社員にやらせてみる、体験させること**です。そのために、ハードルをできるだけ下げてあげる。もうひとつ、ハードルを下げると、「**プレッシャーが減る**」というメリットがあります。気が楽になれば力も発揮しやすくなります。湯澤も優秀社員賞を受賞し、課長に昇進しました。

金言69

「聞く耳を持たない人」には質問をせよ

メモ

人の言葉では変わらないが、自分の言葉なら変わる

私は、社員にも、経営サポート会員にも、さまざまなアドバイスをしています。そんな私にも、「相談をしたくない相手」「アドバイスをしたくない相手」がいます。それは、「聞く耳を持たない人」です。**聞く耳を持たない人は、自分の非を認めないので、「失敗から学んで成長する」ことができません。**成長意欲のない人にアドバイスするほど、私はお人好しではないし、暇でもありません。

それでも、そんな人を指導しなければならないときは、「あなたは、どうなりたいのですか?」と質問をします。「聞く耳を持たない相手」に「やれ」と言ってもやりません。だから、「どうなりたい?」「そのためにはどうすればいい?」「ですよね、ですよね」と聞いてあげて、最終的に**向こうから「教えてください」「勉強させてください」と言わせる**ように仕向けます。

つまり、質問を何度も投げかけ、本人の口から状況と解決策を言わせるように誘導するわけです。そうすれば、こちらの指導を素直に聞き入れるようになります。

人は、他人から何か言われても、めったに変わることはありません。でも、**自分が口にした言葉によって説得され、自分の言葉によって変わる**ことはあります。

金言70

相手にとっての正解を提示せよ

メモ

「命令」や「押し付け」だけでは、人を動かすことはできない

いくら「頑張れ」と口酸っぱく言っても社員は動きません。「これをやって」と言えば、口では「はい」と返事をするが、やるとはかぎりません。「**はい**」は「**やります**」**ではなく**、「**聞こえました**」**の意味**だからです。頭でわかっていても、すぐにやらないのが普通の社員です。

人は、基本的に「命令」を嫌います。命令は、相手の意思や希望を無視して、一方的に要求を押し付ける。**他人から押し付けられると、反発するのが人間の心理**です。自分の意見を押し付ける人は、「自分＝正しい」「相手（部下や社員）＝間違い」と考えています。しかし、やり方や考え方が自分と違っても、相手が間違っているわけではない。人にはそれぞれ特性があって、考え方や行動のクセ、好き嫌い、得意・不得意は千差万別です。**自分にとっての正解と、相手にとっての正解は違います**。だから、自分の考えを押し付けてはいけない。

人を動かすには、相手の状況や特性を把握して伝え方を変え、**相手にとっての正解を提示することです**。脳科学に基づくプロファイリングで人の思考・行動の特性を把握する分析ツール「ＥＧ」（エマジェネティックス）は、相手にとっての正解を一目瞭然にします。ＥＧを活用すると、上司の指示は部下が「動きたくなる」指示となり、仕事が早く確実に進みます。

金言71

指示は具体的に出せ！

メモ

言葉の解釈や定義を具体化・明文化して、食い違いをなくす

指示を出すならば具体的に。これが基本です。期限を伝えず、「なるべく早く」では、いつまでかかるかわかりません。「頑張れ」といくら言っても、何をどう頑張ればいいのかがはっきりしていなければ、相手も動きようがありません。

話し言葉はあいまいで、人によって解釈が違います。上司が部下に「早く仕事を終わらせろ」と指示しても、上司の「早く」が「1時間」で、部下の「早く」が「1日」としたら、部下は「早く仕事を終わらせた」つもりでも、上司は「指示通りに動かなかった」と考えます。

普通の会社は、社長↓専務↓部長↓課長↓主任↓一般社員と話が降りていく途中で、少しずつ内容が変わって伝わり、食い違いが生まれます。この食い違いをなくすには、「**誰が、何を、いつまでに、どのレベルで行うのか**」といった指示を具体的に出す必要があります。

「いつまでに、いくらの利益を出したいから、このように頑張ってください」といった説明もなしに、ただ「頑張れ」「働け」「やれ」と指示しても、人は動きません。部下を動かすなら、具体的な数字を示して、「それを達成するために、いつまでに、何をしなければならないか」を明確に伝えることが欠かせません。

金言72

「できる目標」を与えて、やる気を引き出す

メモ

高い目標よりも、「今できるもの」を目標にする

多くの企業では、社員個々の目標を設定し、それに向かって行動することで個々の成長を促します。このとき、多くの社長は、「高い目標を設定すれば、それだけ成長する」と思っていますが、それは違います。

目標は、その人が**「現在の力」でできるもの**がいいです。「できる目標」だから、やる気になって、チャレンジする。人間は、自分ができないとわかっていると、まったくやる気になれません。「月に行って帰ってこい」と言われても、「できっこない」と思うのが普通でしょう。だから、**目標は「できる範囲」で設定する**必要があります。

本人にとって**難易度の高い仕事**を頼まなければならないときもあります。そのときは、「**できると思っているから依頼している」「チャンスを与えている**」ことを伝えます。それに対して、「無理です」「やりたくありません」と言うのなら、私は別の社員にその仕事を与えます。

その結果、仕事を引き受けた社員の評価は上がり、チャンスを逸した社員は先を越されます。評価が上がらなければ、賞与の額も少なくなります。だから、「チャンスだ」と言われれば、「喜んで」と答えるしかない。そこで断れば、自ら**出世の芽を摘むことになります。**

金言73

「ほめる」ときは根拠を示せ！

メモ

「おだてる」と「ほめる」の違いは、具体性があるかどうか

多くの社長や上司は、「おだてる」と「ほめる」の区別ができていません。「おだてる」とは、相手の嬉しがることを言って、得意にさせることです。これは、人の成長を妨げます。「ほめる」は、**「何が、どうよかったのか」を具体的な根拠で示して**、さらなる成長を促します。

「おだてる」は主観的、「ほめる」は具体的です。「頑張っているね」と声をかけるのは、「おだてる」です。なぜなら、「頑張っている」という言葉は、主観的な解釈ができるからです。声をかけられた人は、「こんな感じでやっていればいいんだ」と、物事を甘く考え、慢心します。

だから、ほめるときは、**「具体的に、何が、どうよかったのか」を数字とともに伝えることが大切**です。部下が商品を「10個」売ってきたとき、「前回が8個だったから、2個も増えた。よく頑張ったね。次は12個だね」と数字を入れてほめると、「次は12個を目標にしよう！」と、社員はやる気を出します。

また、**ほめるときは、「過去の自分」と比較する**のもいい方法です。部門の平均が「15個」としたら、「10個」は平均以下ですが、先月の売上が「8個」なら、「2個も増えている」と具体的にほめることができます。ここに着目するのが、一流の社長、一流の上司です。

金言74

「叱る」ときは事実を指摘し、事実を叱る

メモ

「人」ではなく「こと」を叱れば、人間関係は壊れない

「おだてる」と「ほめる」と同様、多くの社長や上司は、「怒る」と「叱る」の区別ができていません。「怒る」は、自分の感情の赴《おもむ》くままの表現でしかありません。一方、「叱る」は相手の成長を考えたうえで、「なぜ、そうなったのか」「どうすべきだったか」と、**相手の間違いを具体的に指摘し、気づきを与え、二度と同じミスをしないように指導する**ことです。

ですから、「叱る」ときは、**「人」ではなく「こと」を叱ります**。相手の人間性を否定しては絶対にダメ。叱っていいのは、「仕事の間違い（できなかったこと）」だけです。**間違ったという事実を指摘し、事実を叱り、事実に基づいて軌道修正をする**。このように、「人」ではなく「こと」を叱る原則を守っているかぎり、きつく叱っても人間関係は壊れません。

叱ると同時に、相手を認めることも大事です。人には「認めてもらいたい」「自分のことを知ってほしい」という承認欲求があります。だから、「今のおまえなら、それをする実力があるのに、手を抜いたからオレは納得できないんだ」というように、良い部分、努力している部分、頑張っている部分を認めたうえで、注意したいポイントを叱る。叱ると同時に、「認めている」ことを伝えると、叱られた相手も、素直に受け止められるようになります。

金言75

「情報」と「感情」のやりとりを増やす

メモ

他愛もない会話が、職場のコミュニケーションをよくしてくれる

コミュニケーションは、「情報」と「感情」のやりとりです。

情報にも感情にも、「情」の字が入っています。情は、「回数」を重ねることで深まります。「愛」とは「相手に関心を持つこと」です。「関心を持って何回も相手と会う」から、そこに「愛情」が芽生えます。友達と何回も会うから、「友情」が芽生えます。会社も同じで、何回も会ううちに、従業員の間には「**一体感**」が生まれます。

私は従業員に、「環境整備をするときは、手さえ止めなければ構わない。どんどん無駄話をしなさい」と指導しています。環境整備は業務時間内に行われ、わが社は、「社員のおしゃべりに対して給料を払っている」ことになります。

しかし、それが正しい。なぜなら、「**情は回数で育つ**」からです。私は、環境整備を従業員同士のコミュニケーションの場としても位置づけています。他愛もない会話を重ねることで、**従業員同士の情が深くなって、社内の風通しがよくなり、明るくなります**。

コミュニケーションをよくするには、時間と場所を共有する機会を増やして、「**情報（もの）と、感情（心）のやりとりを何回も繰り返す**」ことが大切です。

金言76

離職を防ぐために相談者をつくっておく

メモ

社員に関心を持たないと離職・退職者は防げない

わが社は、少しでも社員に元気がないと、「辞めたい」と言われる前に手を打ちます。**社員の動きをいち早く察知**できるのは、面談や飲み会などを頻繁に行い、社員の動向や心の状態、仕事に対する意欲などに気を配っているからです。「なぜ、やる気が出ないのか」「なぜ、成績が落ちたのか」「今、何に困っているのか」を把握できれば、「人事異動させる」「上司を変える」などの解決方法が見つかり、**素早い対処**が可能になります。

社員の離職・退職を未然に防ぐには、「社員に関心を持つ」ことが大前提です。ところが、多くの会社は、社員に「無関心」です。「人を動かす」には、「相手をよく見て、相手に関心を持って、接する」ことが不可欠です。社長や上司がどんなにかっこいい言葉で社員を説得しても、「**自分に関心を持ってくれている**」「**自分を見てくれている**」**という実感**がなければ、相手の心には届きません。美辞麗句で引っ掛かる社員なんて、1万人に1人くらいのものでしょう。

「見ている人をつくる」という点で、わが社では、新卒・中途社員の一人ひとりに、入社2年目の社員を「**お世話係**」としてつけています。彼らが「専用の保護者」として新人と信頼関係を築き、仕事の悩みや不安を聞いて、離職を思いとどまらせる役割を果たしています。

金言77

新入社員には
どんどん「失敗」を
させよ

メモ

失敗を積み重ねながら、人間は一人前になっていく

入社式で、多くの会社の社長は「新入社員のみなさんに期待しています」と挨拶をします。私は違います。**新入社員には、まったく期待していません。**わが社は、新入社員に期待しなければいけないほど、ひどい会社でも、業績が悪い会社でもありません。

私が新入社員にやってほしいのは、「どんなことにも前向きに取り組んで、その結果失敗して、会社に迷惑をかける」ことです。そうやって「**多くの体験を増やす**」ことを望んでいます。

大学を卒業して社会人となり、仕事をはじめると、経験がないから必ず失敗をします。そこで、「**なぜ失敗したのか、どうすれば次はうまくいくのか**」**を考え、改善する。**その繰り返しで人は成長します。最初からうまくできる人は、一人もいません。

新入社員がいくら失敗をしても、会社は潰れません。だから、どんどん失敗をさせる。**人間は、失敗からしか学べません。**上司やお客様から叱られ、恥ずかしい思いをして、ようやく一人前になる。実力とは、「失敗の数」そのものです。

学生時代は「記憶力」で勝負ができましたが、社会に出ると、「体験」で勝負することになります。だから、どんどん失敗したほうがいい。数多く失敗させるのは、社長の大事な仕事です。

第5章 時間

——タイム・マネジメントが会社を救う

金言78

時は金なり。時は命なり。

メモ

1日24時間の使い方で、会社も人も差がつく

「**時は金なり**」ということわざがあります。会社の経営は、事務所の賃料、人件費、水道光熱費など、毎日、毎時間、毎分、毎秒、何もしなくてもお金が出ていきます。まさに「時間＝お金」です。時間に対するコスト意識を持てば、とても時間を無駄にはできません。

私は、「**時は命なり**」とも考えます。時間と命は、一度失うと取り返すことができません。寿命は、「生きている時間の長さ」です。だから、「**時間を浪費する**」**ことは、**「**命を粗末にする**」**ことと同じ**です。

時間は、お金と違って貯金ができません。貯めておくことも、増やすことも、相続することもできません。同時に、時間は、人の持つさまざまな財産や資源の中で、唯一、誰にでも平等に、対等に与えられています。黒字の会社の社長も赤字の会社の社長も、頑張っている社員もサボっている社員も、デキのいい人も悪い人も、**誰でも1日は**「**24時間**」です。

時間そのものに差はありません。**差があるのは、時間の**「**使い方**」です。同じ時間でも、「どう使うか」によって、結果は大きく変わります。社長も社員も、効率的に仕事をし、生産性を上げるために時間を使いこなせば、それが成長につながります。

金言79

〝時間〟に〝仕事〟を割り振ればうまくいく

メモ

終了時間から逆算して仕事を始めると、時間の使い方がうまくなる

時間の使い方の下手な社長は、仕事に時間を割り振ります。「この仕事を終らせるには、3時間かかる」「この仕事は1週間かかる」と、仕事の量、質、難易度に応じて、所要時間の予測を立てる。そして、実際に仕事に取りかかって「3時間で終わらなかった」ときは、「終わるまで」時間を延長し、仕事を続けます。

私は、多くの社長とは逆で、時間に仕事を割り振っています。**「時間に仕事を割り振る」とは、「終了時間を先に決める」こと**です。

多くの人は、仕事の開始時間は決めても、終了時間を決めていません。「3時間くらいで終わる」と見積もっても、**終了時間を決めないので、結局、ダラダラと仕事を続けてしまいます。**

私は、「この仕事は1時間でやる」と決めたら、多少強引にでも1時間で終わらせます。

最初から100点である必要はありません。ある程度、見切って終わらせ、あとは「あいた時間で修正」していけばいい。「何時までに、仕事を終らせる」と終了時間を決めれば、**「どうすれば、その時間に終わらせることができるか」を逆算して考える**ようになり、無駄なく時間を使えるようになります。

金言80

「月単位」ではなく「週単位」で考える

メモ

仕事を「週単位」で考えて、リズムをつくり出していく

会計報告書が「月単位」であるため、日本の会社の多くは、「月単位」で仕事のスケジュールを考えていきます。月末近くになると、「今月の売上が、あといくら足りない」と嘆くのも、「月単位」で仕事をとらえているからです。

ところが、**実際の仕事は、「月単位」ではなく、「週単位」**で行われています。「月曜日から金曜日まで仕事をして、土日は休み」とか「水曜日が定休日」といった具合です。日本だけでなく、世界中の会社が「週」を基本単位として仕事をしています。

武蔵野の「事業年度計画」（経営計画書に記載してある年間カレンダー）は、「週単位」になっています。1年間を「**4週間1サイクル**」で考え、A週、B週、C週、D週に分けて、スケジュールを決めています。1年は週に換算すると52週ですから、A～Dのサイクルを13回繰り返せばちょうど1年になります。

そして、「A週の水曜日は基幹支援ミーティング」「C週の月曜日は部門会議」「D週の火曜日はリーダー会議」「D週の金曜日は環境整備点検日」と、パターン化して、毎サイクル展開しています。これにより、**仕事にリズムも生まれる**のです。

金言81

思いついたら、すぐにやれ！

メモ

変化の激しい時代を勝ち抜くために、とにかく「早く始める」

座右の銘は、「**いつか、いつかと思うなら今**」です。フジテレビの番組で年配の女性が白板に書いていたのを真似しました。「**思いついたら、すぐにやる**」のが、私の仕事のスタイルです。

経営にスピードが必要なことは、誰でも知っています。スピードとは、「急いで作業すること」ではありません。「早く始めること」です。変化の激しい現代社会を勝ち抜くには、1日でも1分でも、「早く始める」こと。**最大の時間の無駄は、決断と実行の「先延ばし」**です。

物事にはタイミングがあり、**すぐにやらないと「旬」を逃します**。「小さな変化」を逃すと、大きな変化に乗り遅れてしまう。**変化はわが社の都合を待ってくれません**。

また、早くはじめれば、それだけ早く変化に対応できます。判断の間違いが判明すれば、素早く軌道修正ができます。**いち早く失敗すれば、いち早く方向転換ができる**のです。

どれほど綿密なシミュレーションをしても、未経験のことはたいてい失敗します。**わからないことを考えるより、さっさと行動し、経験値を積み上げたほうがいい**。**正しさは、トライアル&エラーからしか得られません**。経営で大切なのは、失敗をしないことではありません。トライアル&エラーを繰り返しながら、少しずつ正解に近づいていくことです。

金言82

最後に指示された仕事を最初にやる

メモ

仕事の優先順位を決めるには、2つのポイントがある

社長の仕事の勝敗は、「スピード」で決まります。しかし、社長が早く動いても、実行役の部下が遅ければ、社長の方針を形にすることはできません。**社長も、社員も、「スピードが命」**。

わが社は、「社長が決めたことを実行するスピード」によって、社員の職責・職位を決めています。役員は社長の指示を「1日」で、本部長は「3日」、部長は「1週間」、課長は「1カ月」でやる。このように決めておけば、社員の時間に対する意識も変わります。

職責上位になるほど、仕事の処理スピードが要求されるため、仕事に優先順位をつけます。

優先順位は、「重要なものから順番をつける」のが基本ですが、本来、仕事の重要度に差はありません。すると、多くの社員は、「最初に命じられた仕事」から手をつけますが、仕事のスピードアップをするには、「**最後に指示された仕事を最初に行う**」ようにします。なぜなら、何週間も何カ月も放置していた仕事を、今やる必要はないからです。

また、複数の仕事を処理するときは、「**成果の出る仕事を優先**」します。それぞれの業務は、お互いに関連性を持つことが多いため、どれかひとつを終えると、自動的に他の問題も片づくことがあります。それならば、とっつきやすい仕事から片づけるほうが効率的です。

金言83

「いつか使う」ためのメモは取らない

メモ

メモを取るのは、「経営に役立つこと」と「確実に実行できること」だけ

私は、「ひらめいたこと、思いついたこと、観察したこと」を、いつでも、どこでもＣａｐｔｉｏ（メモを自分宛にメール送信できるアプリ）にメモしています。役に立たないメモはすぐに捨てますが、**「5年後も役に立つ情報」「行動に移すことができる情報」**の2つは残します。

多くの社長は、「儲かること」を優先して物事を考えますが、私は「儲かること」以上に、「会社を潰さない」ことを目指しています。したがって、「5年後の会社経営に役に立つこと」はメモに残しますが、「毎日のニュース」はメモしません。ニュースは毎日変わるからです。どんなに流行していても、**知らなくても経営に支障をきたさない情報は、無視しています。**

また、メモを取っても、その内容を実行・実践しなければ、会社を変えることはできません。**メモを取るのは、「確実に、実行するため」**です。実行しないのにメモを取るのは、「その情報が必要だから」ではなくて、ただ単に「安心するから」です。これでは意味がありません。

「いつかこの情報が役に立つのではないか」と考えて、いつまでもメモを残している社長もいますが、**1カ月過ぎてもやらなかった（できなかった）ことは、今後もやりません。**そういう情報は捨ててしまうのが正しい。そんなメモを読み返すのも、時間の無駄です。

金言84

本は自分の成長を確かめるために役立てろ！

メモ

同じ本を買い直して読むと自分の成長が確認できる

普通の社長は、本を読んで気になったところにマーカーで線を引きます。しかし、このやり方は間違いです。時間を置いて読み返したとき、**マーカーの箇所に引っぱられて自分の成長が確かめられない**のです。まだ成長の余地があるのに、放棄しているようなものです。

自分の成長を確認したいなら、同じ本を新しく買い直して、改めてマーカーを引いていく。そして、読んだあとで2冊を並べて、どこに線を引いてあるかを比べてみる。**違う箇所にマーカーがあれば自分が成長した証《あかし》、同じなら成長していないのです。**

同じ本をもう1冊買うのはお金の無駄、損だと思うかもしれません。でも、そういう考え方こそ損です。みんな1冊の本を何回も読めばいいと思うけれど、それでは勉強にならない。私は何人もの社長に「マーカーが成長を止めている。成長したいのなら、マーカーをやめればいい」と言っています。

私はマーカーはしません。それに囚われるのが嫌だからです。読んだら重要なページだけを切り取って残し、それ以外は捨ててしまいます。もう一度読みたくなれば、同じ本を買い直します。**新しい気持ちで本を読むと、必ず前回とは違う気づきが得られます。**

金言85

受信メールは読んだら「即、削除」

メモ

送信メールを残しておくのには、2つの理由がある

私は、メールの整理を徹底しています。**受信メールは、読んだら「即、削除」が基本**です。「もしかしたら、もう一度読み返す必要があるかもしれない」と思うメールのみ保存しますが、受信フォルダには、せいぜい「100本ほど」しかメールは残っていません。それも、ほとんど読み返すことはないので、定期的に削除しています。

逆に、**送信メールは多く保存**しています。普通は、受信メールのほうが送信メールよりも保存本数が多いと思いますが、私は逆で、送信メールは「300本」くらい保存してあります。

送信メールを保存している理由は、2つあります。

ひとつは、私自身が指示したことを忘れてしまうため、**備忘録として**残しています。

もうひとつは、指示した仕事が終わっていないときに、**「再送信」する**ためです。部下に対して「仕事ができているかどうか」のチェック機能として、送信メールを活用します。

再送信する場合は、「件名」に番号を入れるなどして、最初のものと**「同じ件名」にならないように**します。そうしないと、以前送ったメールの中に紛れたり、相手が、「以前見たメールと同じだ」と勘違いをして、開封しないことがあるからです。

第6章

社長の心得

――会社を潰さない社長の役割とは

金言86

価値観が共有されるまでは「トップダウン」で行け！

メモ

価値観の共有がないボトムアップ経営は必ず失敗する

多くの経営者は「トップダウン経営」と「ボトムアップ経営」のどちらが正しいか悩みます。しかし、そんな議論は意味がありません。社員教育をしっかりやって、**価値観が共有されている会社ならボトムアップ経営でもいいが、そうでないならトップダウンが正しい。**

どんな会社でも、創業者はトップダウンで会社を成長させます。すべてを自分で判断して、「こうやれ、ああやれ」と部下に指示を出す。部下は、指示の意味や意図がわからなくても、とにかく早く実行して結果を出す。指示が間違っていれば、社長は即座に方針を変え、次の指示を出していく。そうやって中小企業は事業を軌道に乗せ、成長していきます。

経験の浅い後継者は経営の根本がわからないから、親の経営が古くさく、強引に見えます。そして、「自分は、部下の考え方も尊重したボトムアップ経営をしたい」と考えます。

愛知県の株式会社エネチタ（後藤康之社長）は、社員の価値観がそろっていない状況でボトムアップ経営を目指し、社員の好き勝手な行動によって売上が20％ダウン、赤字に転落しました。そこでトップダウン経営に変更し、コツコツと社員教育を続け、価値観が共有されて、経常利益1億円になりました。このように、**価値観の共有がないボトムアップ経営は必ず失敗します。**

金言87

穴熊社長が会社を赤字にする

メモ

会社を成長させる情報は現場でしか見つからない

2代目・3代目社長が業績を落とす一番の理由は、「社長が営業をしたがらない」ことです。門前払いされるのが怖くて、飛び込み営業も新規開拓も、営業担当者に任せきりです。そんな現場に出ずに社長室に閉じこもっている社長を、私は「**穴熊社長**」と呼んでいます。

穴熊社長は、「小さな世界」にこもってぬくぬくとしているので、世の中の変化に気づきません。お客様の情報も、ライバルの情報もないから、有効な対策を取ることができません。会社が赤字になっても、穴の中で、「どうしよう、こうしよう」と不安におびえるだけです。

会社を高収益体質にするための情報は、お客様のところにしかありません。会社を変えたいなら、社長自らが営業に出て、新規顧客の開拓と既存顧客の保全に努める。「**トップ営業**」**が、黒字化へのファーストステップ**です。いくら「頭」で考えても、答えは見つかりません。

わが社は、職責の重い社員ほど、積極的に現場に出ます。当然、**社長の私がナンバーワン営業マン**です。私が社長室にいるのは月に10時間程度、会議と面談のときだけです。私は「頭」ではなく、「体」で経営をしています。「体」はひとつしかないので、体験できることもひとつだけ。そのときにできることをやるだけだから、**悩みも不安もなく、結果を残せます。**

金言88

ナンバー2にはイエスマンを置け！

メモ

決断は社長の仕事、それを実行するのがナンバー2の仕事

ナンバー2の役割は、「社長の言うこと」を誰よりも早く実行することです。世間では、社長が間違ったことを言ったとき、「社長、それは違います！」と言えるナンバー2が大事だ、といった話を聞きますが、**イエスマンでなければ、ナンバー2は務まりません。**

決断をするのは、社長の仕事です。ナンバー2ではありません。社長が間違った決断をし、ナンバー2が即座に実行したら、当然、業績は下がります。それも、すぐに下がります。

そんな状況に直面すれば、どんなバカ社長だって、「自分の決断が間違っていたから、業績が下がった」と気づき、すぐに別の判断を下すでしょう。これが正しい会社のあり方です。

ナンバー2が実行もしないうちから、「社長、それは違います」と言い出したら、どうなるでしょう。「いや、オレは正しいと思う」「ですが社長、そうは言っても……」と、無益な言い合いをして、ダラダラと時間が過ぎるだけです。中小企業において、これは致命的です。

たいていの判断はやってみないとわかりません。毎回正しい決断ができるわけがない。だから、社長はとにかく早く決断し、ナンバー2は「社長の言うこと」を一も二もなく実行する。

この関係が崩れている会社は、絶対にうまくいきません。

金言89

仕事も組織も〝分割〟せよ

メモ

社員を潰さないように事業分割のルールを決める

「頼りにしていたナンバー2が、突然、会社を辞めた」という話をよく聞きます。これは原則、社長の責任です。**ナンバー2が辞めるのは、キャパオーバーが原因**です。とくに、創業時から一緒に頑張ってきたナンバー2が辞めるのは、圧倒的にこのパターンです。

会社の成長とともに、仕事は増えていきます。年商10億が20億になれば、倍の仕事量になります。そんな中、社長自身はいろいろ勉強し、経験値もアップして、それなりに成長していきます。しかし、自分と同様、**ナンバー2にも勉強させ、成長させる社長は少ない**。それでいて、社長は信頼するナンバー2に「あれも頼む」「これも頼む」と、あらゆることを押し付ける。その結果、完全にキャパオーバーになり、潰れてしまいます。

この状況で**社長がやるべきことは、きちんと事業を分けること**です。ナンバー2が担っている仕事量が10だとしたら、そのうちの3割を切り離すために組織を分割し、仕事を減らす。そして、**3割の仕事に従事している中から、リーダーになれる人を引き上げます。**

人間には処理能力の限界があります。それを超えて仕事をすることは不可能です。ナンバー2や社員がキャパオーバーになる前に、**組織分割の明確なルールを決める**必要があります。

金言 90

社長はいくら働いても罰せられない

メモ

会社で一番頑張らなくてはいけないのは社長である

会社に必要なのは「業績を上げられる人」で、成績が上がれば、それに見合う「地位」や「禄」で報いるのは当然です。反対に、成績が悪ければ、「更迭」「減俸」も当たり前です。

ところが、社長の中には、働きの悪いナンバー2や社員を「更迭できない」「減給できない」人がいます。制度的に給料は簡単に下げられませんが、賞与は〝小与〟でもいい。しかし、それもできない。その理由は、はっきりしています。**「社長が頑張っていない」**からです。

社長が一番頑張らず、社員が頑張って上げた利益から甘い蜜を吸う。だから、業績を上げない人の報酬をカットできない。**社長は大統領のように働き稼ぎ、王様のように未来と社員にお金を使わなくてはいけません**。会社の中で、一番頑張らなくてはいけないのです。

社員に月45時間以上残業をさせたらこれからは違反になりますが、社長は、1日24時間365日働いても、労働基準法に違反しません。「**社長はいくらでも働いてください**」と国が認めています。

社長自身が頑張り、結果を出すから、成績を上げないナンバー2や社員に、「オマエは更迭だ！」「ボーナスなしだ！」と、はっきり言えます。それが言えないのは、社長の頑張りがまだまだ足りない証拠です。

金言91

ポスト争いは別会社をつくって対処せよ

メモ

優秀な人材が2人いれば、「両雄並び立たず」が大原則

会社の中に優秀な人材が2人いて、ナンバー2の座をめぐって争いが起こることがあります。この場合、端的に言えば、**「どちらかをクビ」にするのが正しい**やり方です。基本的に、「両雄並び立たず」と理解しておかなければなりません。

多くの社長は、優秀な人材ほど会社に残しておきたいと考えますが、その発想は大間違い。こんな状況で、どちらかが専務や常務になって、どちらかが部長止まりだったら、揉めるに決まっています。揉めるどころか、足を引っ張る最悪の構図になります。中小企業は、**1人の優秀者がいれば、あとはそれなりでいい**。うまくいく組織とは、そういうものです。

クビにするのが難しければ、事業部を別会社にして**「別の場所で、別の仕事をさせる」**手があります。父親が創業者、後継ぎに兄弟がいるケースで、分社化してそれぞれに任せた例があります。違う領域で仕事をさせれば、双方が上手に力を発揮してくれます。

「社外に出された人の気持ちはどうなるのか」「そんな人を受け入れる側の人たちが迷惑する」と、いろいろ言う人がいますが、**別会社は必要悪**です。本体の組織をしっかり維持して、業績を上げるためには、必要悪の存在が重要になります。

金言92

優秀な社員はドンドン異動させよ

メモ

新しい経験を積むことで、人が成長し、企業が成長する

社員の能力が上がれば、こなせる仕事も増えます。**「人の質を上げる」には、教育しかありません。**しかし、教育にはそれなりに時間がかかり、段階的にしか人は成長しません。だから、仕事の量をコントロールしながら、継続的に教育することが大切です。

教育で大事なのは、「いろいろ経験させる」こと。経営者にならなければ、経営について学ぶことができないように、ナンバー2も社員も、具体的な経験を積まなければ成長しません。

わが社は、優秀な人ほどドンドン異動させて、いろいろな経験を積ませ、成長を促していきます。**「人に仕事をつけず、仕事に人をつける」は経営の大原則。どんなに優秀な人材でも、同じ仕事ばかりさせていたら成長しません。**

社員にドンドン新しい経験をさせ、勉強させなくてはいけません。同じ部署やポジションにぶら下がっているだけでは、人も企業も成長できるわけはありません。

成長著しい企業は、とにかく忙しく、優秀な人材はあちこちに引っ張り回されます。その結果、組織の風通しは自然とよくなり、人材もすくすくと成長していきます。**組織で「人の動き」がなくなると、人は成長しなくなり、企業も停滞、衰退します。**

金言93

どの情報を共有するかを決めておけ

メモ

意味のある情報共有をするために社内ルールをつくる

情報開示の点で、わが社は原則フルオープンです。会社の数字であれ、セクハラ問題であれ、すぐに全社員に広げます。しかし、何もかも共有しているわけではありません。**重要なのは、「どんな情報を共有して、どんな情報は共有しないのか」が決まっている**ことです。私はナンバー2の専務、矢島茂人が担当している経営サポート事業に関する情報はすべて伝えますが、ダスキン事業は知っていてほしいこと以外は伝えません。キャパオーバーになるからです。

これは「社長→社員」という方向にかぎらず、「社員→社長」でも同じです。すべての幹部、社員が「何を、どう社長に報告するか」「報告しなくていいのは何か」が決まっています。私に対しては「**上位20％のお客様の情報を上げ、それ以外はシャットアウト**」の決まりがあります。売上の80％は上位20％のお客様によって成り立っているからです。

また、私は「**固有名詞のないものは報告しなくてもいい**」と指導しています。「お客様の中には、こんなことを言っている人がいる」「最近は、こんな印象をいだいている人が多い」といった不正確な情報は、まるで意味を成しません。聞くだけ時間の無駄です。情報共有の質を高めたいのなら、**数字を入れて報告する**というルールをつくることが大切です。

金言94

成果はさまざまな「ものさし」で計れ

メモ

成果は「ものさし」をいろいろ準備して評価する

成果主義が正しいか間違っているかの議論があります。しかし、**成果主義が正しいことは、はっきりしています**。成果を評価しなくて、いったい何を評価するのですか。

一番大事なのは、評価する中身です。一般に成果主義というと、「業績だけ」を評価しがちです。すると、社員は「自分の業績が上がることだけ」をやり始めます。勉強会に参加するより、営業先を回って1円でも稼いだほうがいい、と考えるようになる。これは大きな問題です。

武蔵野はバリバリの成果主義ですが、その中身を紐解けば、**いろいろな要素を加えた「成果のものさし」**があります。数字で確認できる「業績評価」、上司の指示を実行する「プロセス評価」、勉強会への参加を評価する「方針共有点」、価値教育の柱「環境整備点検」、早く帰る「残業時間」の確認などです。

世間では、「働き方改革」で残業を減らす取り組みをしている会社が多数あります。でも、それを成果として評価しなければ、うまくいくわけがありません。個人の業績だけを評価基準にしたら、成績優秀者ほど言うことを聞かなくなるからです。このように、個人の業績だけでなく、**さまざまな「ものさし」を設けて評価をしていく**。これが、正しい成果主義のあり方です。

金言95

新卒採用は毎年しなければ意味がない

メモ

同じ上下関係がいつまでも続くと、誰でもつらくなる

新卒採用について、ひとつ大事なことがあります。それは「**毎年採用する**」ことです。中小企業の中には、業績がいいときは7名採用して、業績の悪い年は1人も採らない。それでまた3年後に3人採る、という採用をやるところがあります。しかし、これは最悪の採用。そんなことをするから、採用した社員が辞めていきます。

中学の野球部に入ると、一年生は上級生にしごかれます。でも、一年生は厳しいしごきに耐えて、頑張ります。なぜ、頑張れるのか。それは、来年、新入生が入ってくると自分がしごく立場になる。そして、三年生は卒業していなくなることがわかっているからです。

会社だって同じです。自分が一番下のときは、「オマエは何もわかっていないな」と先輩や上司に言われます。でも、その時期を1年過ごせば、また右も左もわからない新入社員が入ってきて、自分が指導する立場に立つ。この循環があるから、頑張れる。それが人間の心理です。

会社に入るのは条件、会社を辞めるのは常に人間関係です。いつまでも自分が一番下では、誰だってつらい。だから、新卒採用は毎年しなくてはいけません。同時に、上司も定期的に異動させて、**同じ上下関係がいつまでも続かないようにする**ことが必要です。

金言96

社員教育は同じことを飽きるほど教えよ

メモ

教えるほうも教わるほうも成長する社員教育をする

社員教育をすると、社員全体のレベルが上がり、組織が活性化します。「社員教育をして、その人に辞められたら損だ」と考える社長もいますが、この発想自体が大間違い。組織力のアップという全体的な価値に比べれば、社員が辞める損失など、たかが知れています。

社員教育の目的は、**「スキルアップ」と「価値観の共有」**の2つに分かれます。勉強会の場では、いろいろ教えないことが最大のポイント。**大事なのは「数」で、同じことを何度も繰り返し教える。**「社長はまた同じことを言っている」と社員は言うが、それが正しい教育です。とくに「価値観の共有」は、ナンバー2はもちろん、新入社員に至るまでみんなが「同じことを言うようになる」のが理想です。そうなると、お客様訪問でも新規開拓でも、誰が行っても同じことを言うので、**「ブランド」が共有され、お客様に信頼されます。**これが強い組織です。

また、社員教育を充実させるには、「先生を増やす」ことも大切。わが社は社員が勉強会の講師をやりますが、先生1人に生徒は2、3人です。生徒が多いほうが効率的に見えますが、効率を求めても人は育ちません。手間はかかるが、少人数のほうがきっちり育つ。先生になる社員自身も成長します。だから、**増やすべきは「生徒」ではなく、「先生」**です。

金言97

中小企業は「息子・娘」に継がせろ

メモ

社長の血が流れている息子や娘はサラリーマンの子とは違う

次世代に会社を引き継ぐとき、「自分の息子ではなく、もっと優秀な社員から社長を選びます」という社長がいます。「世襲よりも実力主義」と言いたいのでしょう。しかし、これは大間違い。**中小企業は、息子や娘に継がせるのが一番**です。

優秀な社員に継がせるといっても、後継争いで足の引っ張り合いが始まれば、中小企業はすぐにダメになります。そんな無用な争いを生むくらいなら、無能だろうがボンクラだろうが、自分の子どもに継がせたほうがいいに決まっています。その結果、**会社が倒産したとしても、「息子（娘）に会社を潰されたのなら納得できる」**のが、親の心情でしょう。

血筋とは面白いもので、息子や娘に社長をやらせてみると、けっこうしっかりやります。よく「創業者社長は優秀だが、二代目がボンクラで」という話を聞きますが、そんなことはありません。**蛙の子は蛙**です。能力はあるのに、親が甘やかして、ボンクラに育てているだけです。

どんなに甘やかしていても、**中小企業の社長の血が流れている**。小さな頃から、家で父親と母親がお金の話をしたり、社員の話をしているのを聞いて育っています。そんな環境の中、子どもは何かを学び、吸収しているものです。そこはサラリーマンの子とは絶対的に違います。

金言98

後継者は古参に遊んでもらえ!

メモ

古参に頑張ってもらうことが、後継社長の評価を高める近道

二代目後継者の多くが直面するのが、**「古参との人間関係の苦労」**です。引き継いだ事業を続けていくためには、やはり古参メンバーを敵にしないことが一番です。

はっきり言って、若い後継者にとって古参のナンバー2、ナンバー3は疎《うと》ましい存在です。何か口にすると「何もわかっていない」という顔をされるし、反対もされます。だから、「面倒だ」と思うが、実力的には断然古参メンバーが上です。**後継者社長がどんなに頑張っても、古参が頑張らないと会社はすぐに傾きます。**

社長が代わると、社内外から注目されます。みんなの関心事は、「社長が代わっても、この会社は同じようにやっているか」だけです。だから、古参メンバーが頑張って、これまでと変わらず事業を継続していくことができれば、「あの社長は大丈夫だ」「しっかりやっている」と評価します。つまり、古参に頑張ってもらうことが、自分の評価を高める一番の近道です。

そのためには、**古参のナンバー2、ナンバー3に遊んでもらう**ことです。遊びを通して打ち解けて、「オレがコイツを男にしてやる」「みんなでアイツを一人前にしてやろう」と言ってもらえるような人間関係をつくる。これは、後継者にとって非常に大事な仕事です。

金言99

社員の信頼は「社長の汗」で決まる

メモ

新任社長は、誰よりも汗をかいて仕事をするしかない

後継社長が「社員からよく思われたい」という理由で、社員の評判を気にしたり、社員に気を遣ったり、遠慮したりする話をときどき耳にします。しかし、実力も実績もないのに、よく思われることなんてあり得ません。**社員はただ、「この人はちゃんとやってくれるかな」「これまで通り給料を払ってくれるかな」と思うだけ**で、それ以上は何とも思いません。

また、社員によく思われようとしたら、自分のいいところだけ見せて、悪いところは隠さなければならなくなります。しかし、そんなことをしても、あの社長は嘘つきだと思われるのがオチです。結局、**新任社長が「社員によく思われよう」と考えること自体、大間違い**です。

業績をアップさせ、給料やボーナスが上がれば、社員は喜んで、「今度の社長は凄い」と思ってくれます。しかし、そんなことはすぐには実現しません。そんな中で社長がやるべきは、**「人一倍汗をかく」**ことです。社長が率先して汗をかかなければ、社員には何も伝わりません。

私が社員たちから信頼されているのは、みんなに気を遣っているからではありません。汗をかいて仕事をしているからです。ましてや、何も達成していない新任社長が社員の信頼を得ようと思うのなら、自分が一番汗をかくしかありません。

金言100

後継者に自分と同じものを求めるな！

メモ

社長の「辞め時」と、引継ぎで注意しなければならないこと

負けて悔しくなくなったら、社長の座は退くべきです。1万円の契約を取り返すのに100万円かけるような気概がなければ、社長は務まりません。「**負けて悔しい**」**思いを社長自身が失ったら、それはひとつの**「**辞め時**」です。

自分が会社を退くとき、賢い社長は、後継者（息子や娘）が権限を発揮しやすいように、古参の幹部に退職金を払って、一緒に引き連れて辞めていきます。あるいは、古参のナンバー2と幹部に、「これからは息子（娘）の家来になってくれ」と、しっかり言い含める。それをちゃんと伝えるのは、先代社長の大事な仕事です。

先代社長が「**過度な期待をしすぎない**」ことも大切です。苦しい時代を裸一貫で生き抜いてきた親と、後継者としてぬくぬく育ってきた子どもでは、タイプも、能力も、個性も違います。そこを理解せず、「自分と同じようにやれ！」は無茶な話。私は、先代社長には「**自分と同じことを子どもにさせるのは無理だよ**」と繰り返し伝えます。一方、後継者にも「**親と同じことをするのはダメだ。持っている血は同じでも、体験が違うんだから**」と話をします。

社長にもいろいろなタイプがいるので、個性の違いを活かしていくしかありません。

小山 昇（こやま・のぼる）
株式会社武蔵野代表取締役社長。1948年山梨県生まれ。東京経済大学を卒業し、76年にダスキンの加盟店業務を手掛ける日本サービスマーチャンダイザー株式会社(現在の武蔵野)に入社。77年に退職し、貸おしぼり事業を手掛ける株式会社ベリーを設立する。その後、87年に武蔵野に再び入社し、89年には社長に就任する。90年から92年まで株式会社ダスキンの顧問も務める。赤字続きの「落ちこぼれ集団」だった武蔵野で社長として経営改革を断行。2000年、2010年と国内で初めて日本経営品質賞を2度受賞する優良会社に育て上げた。その経験をもとに、現在720社以上の会員企業の経営指導を手掛け、「実践経営塾」「実践幹部塾」など、全国各地で年間240回の講演・セミナーを行う。現実に即し、人間の本性をとらえた組織作りのノウハウには定評がある。主な著書に『増補改訂版 仕事ができる人の心得』（CCC メディアハウス）、『人材戦略がすべてを解決する』（KADOKAWA）、『絶対に会社を潰さない社長の時間術』『IT心理学 —ブラック企業を脱却し、ホワイト企業になるための55の心得』（以上、プレジデント社）などがある。
プレジデント誌にて「小山昇からの金言」を毎月ご覧いただけます（2019年10月現在）。

会社を絶対に潰さない社長の「金言」100

2019年10月15日　第1刷発行
2019年10月19日　第2刷発行

著　者　小山 昇
発行者　長坂嘉昭
発行所　株式会社プレジデント社
〒102-8641 東京都千代田区平河町2-16-1
平河町森タワー 13F
https://president.jp　https://presidentstore.jp
電話　編集（03）3237-3732
販売（03）3237-3731

編　集　渡邉 崇
編集協力　千﨑研司（コギトスム）
販　売　桂木栄一　高橋 徹　川井田美景　森田 巌　末吉秀樹
装　丁　秦 浩司（hatagram）
制　作　関 結香
印刷・製本　文唱堂印刷株式会社

ISBN978-4-8334-2340-3　Printed in Japan